成为一流员工

CHENG WEI
YI LIU
YUAN GONG

时刻保持最佳状态 敬业负责忠诚坚贞

张新国◎主编

线装书局

图书在版编目（CIP）数据

成为一流员工 / 张新国主编 . — 北京 : 线装书局，2015.1

ISBN 978-7-5120-1757-3

Ⅰ . ①成… Ⅱ . ①张… Ⅲ . ①企业 – 职工 – 修养 Ⅳ . ① F272.92

中国版本图书馆 CIP 数据核字（2015）第 011636 号

成为一流员工

主　　编：张新国
责任编辑：曹胜利
出版发行：线装书局
　　地　址：北京市西城区鼓楼西大街41号（100009）
　　电　话：010-64045283　64041012
　　网　址：www.xzhbc.com
经　　销：新华书店
印　　制：三河市华业印务有限公司
开　　本：700mm × 940mm　1/16
印　　张：14
字　　数：120千字
版　　次：2015年1月第1版第1次印刷
印　　数：0001-7000

定　　价：25.80元

前言

企业是员工展现才华、发展自己的平台。员工则是企业的支撑者和创造者，所以，企业和员工之间是相互依存、相互制约的关系。优秀员工往往在企业中能将自己的能力发挥到极致，在企业中起到中流砥柱的作用。

每一个企业都渴望拥有优秀的员工，每一位老板都青睐优秀的员工，每一个员工都希望成为优秀的员工。因为优秀员工是企业最大的财富，是老板最欣赏的人才，是员工们最佩服的楷模，也是员工个人成功的标志。

对于一个员工来说，一定要为公司创造财富，而且要把为公司创造财富当作神圣的天职，当成自己不可推卸的光荣使命！只有对自己的职业赋予了神圣感和使命感的人，才称得上是“公司精英”。西方有句谚语说，“工作中的傻子永远比睡在床上的聪明人强”。除了尽心尽力履行自己的工作职责以外，最重要的是要多参与一些其他领域的工作，这会让你拥有更多的舞台，从而充分发挥自己的才华。你要多做一些岗位职责之外的工作，不断地锻炼自己、充实自己，这样做一方面可能使你因此找到自己更具竞争力的地方，另一方面也会引起老板对你的注意。

优秀员工要把自己完全当做企业的主人翁，不轻视企业也不轻视自己的工作，始终把企业的利益摆在第一位；对工作敬业负责，对企业忠诚坚贞；遇事积极主动，懂得在工作中注重细节，时刻考虑怎样把工作做得更好，甚至做到最好；从不找借口推卸责任，认真贯彻执行上级交代的任务，工作上遇到困难主动想办法解决，没有依赖思想；时刻注意维护企业的形象，与企业共命运。这样的人，才是企业里的优秀员工，才是最受企业欢迎的人，才会取得更大的成功和发展！

目录 CONTENTS

04

YONG YOU BEN SHU
RANG NI CHENG WEI YI LIU YUAN GONG

拥有本书
让你成为一流员工

PART 01 第一章

做最受欢迎的好员工

ZUO ZUI SHOU HUAN YING DE HAO YUAN GONG

好员工应该怎样界定呢？这里为我们详细介绍成为好员工最基本的要求。你是这样一位好员工吗？如果做得还不够好，那就从此刻开始改进吧！

时刻保持最佳的精神状态

热情胜于才干。一名受企业欢迎的员工应当时刻保持最佳的工作状态，让自己的工作充满热情，这样才能做好自己的工作。

可能有人觉得奇怪，热情真比才干更重要吗？其实，只要我们稍作分析便会明白其中的道理。

一个有才干的人，如果没有热情，他便什么事都干不好、干不成。而一个充满热情的人，却能干好他力所能及的每一件事。

被称作“经营之神”的松下幸之助十分重视热情的作用。他说：“热情胜过才干。”松下幸之助说过：“责任感强的人越多，公司就越有发展的可能。我希望松下公司的干部，都是有责任感的人。不论你有多高的才能，有多少的知识，如果缺乏‘热情’，那就等于纸上谈兵，将一事无成。可是如果智能稍差，才能平庸，却认真奋斗、满腔热情，所谓‘勤能补拙’，一定能产生很好的业绩。”

汤米是一家电脑公司的业务主管，现在这家公司的生意相当火爆，公司的员工对待自己的工作也充满了热情和骄傲。

但是，以前并不是这种情况，那时候，公司里的员工们都厌倦了自己的工作，他们中的许多人都已经做好写辞职报告的准备了。但是，汤米的到来改变了这一切，他对待工作充满了激情，这种精神状态点燃了其他员工胸中的热情火焰。

每天，汤米第一个到达公司，并微笑着与每一个同事打招呼。工作时，他容光焕发，好像生活又焕然一新。在工作的过程中，他调动自己身上的潜力，开发新的工作方法。在他的影响下，公司的员工也都早来晚走，斗志昂扬，纵然有时候腹中饥饿，也舍不得离开自己的工作岗位。因为汤米经常保持这种激情四射的工作状态，在很短的时间内，便被经理提拔到主管的位置。

在他的带动和感染下，员工们也一个个充满了活力，公司的业绩不断上升。

汤米的成功在于他内心始终对工作保持着火一般的热忱。无论外界环境怎么样，他始终斗志昂扬、激情四射地去工作。可以说，正是他积极热忱的工作态度成就了他骄人的业绩。

有一位父亲告诫他的孩子说：“无论未来从事什么样的职业，如果你能够对自己的工作充满热情，那么，你就不用为自己的前途操心了。因为，在这个世界上散漫粗心的人到处都有，而对自己的工作善始善终、充满激情的人却很少。”

态度决定一切，一个人工作态度的优劣直接决定了他工作成就的高低。你可以选择积极地做完一天的工作，也可以任由自己陷于被动和消极的情绪中。既然你无法逃避自己的工作，为什么不积极地对待它，像上文中的汤米一样，满腔热忱地去工作，让自己的生活中充满了热情和骄傲呢?

敬业实干发挥自己的价值

敬业是一种职业态度，也是职业道德的崇高表现。一个没有敬业精神的人，即使有能力也不会得到人们的尊重和接受；而能力相对较弱但具有敬业精神的人却能够找到自己发挥的舞台，并一步步实现自己的价值。

在这个世界上，每一个人都扮演了不同的角色，每一种角色又都承担了不同的职能。从某种程度上说，对角色饰演的最大成功就是对职能的完成。

皮尔·卡丹曾经对他的员工说："如果你能真正地钉好一枚纽扣，这应该比你缝制出一件粗制的衣服更有价值。"这句话更深一层的含义应该是：行使自己的工作职能，无论自己的工作是什么，重要的是你是否做好了你的工作。

敬业精神是现代社会所倡导的，也是所有企业生存所必需的。任何一个公司都欢迎敬业员工的加盟，同时也给予现有员工必要的激励以使他们变得更加敬业。

作为职业人士，没有理由不去理会什么是敬业、怎样去敬业的问题，懂得敬业是发展职业的前提。敬业所表现出来的积极主动、认真负责、一丝不苟的工作态度，就是职业人士所应当具备的，它是成功的有力保障。

台湾"资策会"的全称是台湾资讯产业策进会，是一家公有性质、以促进台湾资讯产业发展为目标的研究开发机构。这里的从业人员主要从事计算机软件的开发工作。

在一次对资策会的访问中，访问的时间被安排在下午六点半。等采访者进去的时候，发现整个大楼灯火通明，透过每一间办公室的玻璃隔墙，采访者发现，员工们都在聚精会神地工作，似乎没有谁准备“提前”下班。

采访者不禁惊诧：“你们这里的上下班时间是不是同其他单位不一样？”

接待他们的副总说：“不！完全一样，其实早该下班了。也不是因为你们来就故意表现出这样子的，他们已经习惯于把一天的目标彻底完成再离开办公室，而各自制定的目标都是满负荷的。因此，你很难看到他们在晚上9点钟以前离开办公室。”

“那么，是不是早上要来得迟一些呢？”

“不会的，来晚了会没有泊车位，反而更麻烦。”

那么是一种什么样的精神支撑他们如此奋发呢？通过与那里员工的简单访谈，采访者了解到：这大概是从事计算机程序设计工作的人始终存在的一种追求完美的心态，每一个人都试图把自己设计的程序更加合理化，试图使自己设计的程序更加有效率。当这个过程成为大家工作的常态时，谁也不认为每天多工作几个小时就吃亏了，反而觉得上下班高峰时段在路上塞车才是宝贵时间的最大浪费。

由此我们不难理解，台湾地区的计算机产业在最近的十多年来为什么如此发达，并在世界上具有相当的竞争力。这在很大程度上同那里的员工将敬业变成工作常态的特点是分不开的。

敬业的员工之所以受欢迎，不仅因为他们能向老板有所交代，更重要的是他们认识到了敬业是一种使命，是一种责任精神的体现，这样的员工会真正为公司的发展做出贡献，他们自己也能从工作中获得乐趣和财富，从而更好地工作。在这方面，台湾企业和它们的员工做出了榜样。

一个敬业的员工会将敬业意识记在心中，实践于行动中，做事积极主动，勤奋认真，这样他不仅能获得更多的宝贵经验和成就，还能从中体会到快乐。

在任何时候，工作态度及敬业精神都是企业遴选人才时应优先考虑的条件。对企业敬业、主动的员工才是企业最欢迎的人。

把工作当成人生最大的快乐

把工作当做人生的乐趣，把它做得完美，我们的成就感和信心就会愈来愈强，工作也会愈来愈顺畅。

有个美国记者到墨西哥的一个部落采访。这天是个集市日，当地土著人都拿着自己的物产到集市上进行交易。这位美国记者看见一个老太太在卖柠檬，5美分一个。

老太太的生意显然并不太好，一上午也没卖出去几个。这位记者动了恻隐之心，打算把老太太的柠檬全部买下来，以便她能高高兴兴地早些回家。

当他把自己的想法告诉老太太的时候，她的话却使记者大吃一惊："都卖给你，那我下午卖什么？"

人生最大的价值，就是对工作有兴趣。爱迪生说："在我的一生中，从未感觉是在工作，一切都是对我的安慰……"

IBM前营销总裁巴克·罗杰斯曾说过："我们不能把工作看做为了五斗米折腰的事情，我们必须从工作中获得更多的意义才行。"我们得从工作当中找到乐趣、尊严、成就感，以及和谐的人际关系，这是我们作为职场人士所必须承担的责任。

乐业，是一名称职员工必须具备的一种职业精神。即使你的处境再不尽如人意，也不应该厌恶自己的工作，世界上再也找不出比这更糟糕的事情了。

如果环境迫使你不得不做一些令人乏味的工作，你应该想方设法使之充满乐趣。用这种积极的态度投入工作，无论做什么，都很容易取得良好的效果。

艾丽在大学里读的是中文，目前所从事的工作也与文字有关，大概属于IT业中的“文字工作者”。她每天要处理大量的文件和资料，难免遇到许多操作性的事务重复再重复。每到这时，她都会为自己泡一杯清茶，用5分钟时间静气凝神，而后集中精力来处理这段工作，并在最短的时间内结束战斗。交完工作后，她才信步回到自己的小世界里，开始思如泉涌、充满热情地继续那部分自认为可以充分发挥创造力和显露个性特色的工作，从中找到自信并感觉到“自我”的存在。同时她也喜欢当上司批改完她的文件时那满意而赞赏的目光。

每个人都应该学会热爱自己所从事的工作，即使你做的是一份不太喜欢的工作，也要积极主动地去做，凭借对工作的热爱去发掘每个人内心蕴藏的活力、热情和巨大的创造力。

国外一家报纸曾举办了一次有奖征答，题目是“在这个世界上谁最快乐”。主办方从数以万计的答案中评选出的4个最佳答案是：作品刚完成，自己吹着口哨欣赏的艺术家；正在筑沙堡的儿童；忙碌了一天，为婴儿洗澡的妈妈；千辛万苦手术之后，终于挽救了危急患者生命的外科医生。看来，工作着的人才是最快乐的。确切地说，应该是：把工作当做人生乐趣的人才是最快乐的。从另一个角度来说，不快乐的人，往往是生活中那些不会从工作中寻找乐趣的人。

人们常常认为只要准时上班，按点工作，不迟到，不早退就是完成工作了，就可以心安理得地去领自己的那份工资了。可是，你的工作很可能是死气沉沉的、被动的。重要的是你能不能用一种新的眼光来看待自己的工作，从中找到新的兴奋点，从而点燃工作的激情。

工作在现代人生活中的分量愈来愈重，甚至成为衡量成功的重要准则。不管你为哪家公司、哪个老板工作，最好的方法就是把工作当成自己人生的乐趣。在今天，享受工作乐趣的方法有很多，像科学家、运动员、艺术家、音乐家或演员，等等。他们都是以工作为乐的，因而能够取得瞩目的成就。要乐在工作，最好的方法，就是将它视为一种终生的成长历程。

人生最有意义的就是工作，与同事相处是一种缘分，与客户、生意伙伴见面是一种乐趣。即使你的处境很不如意，也不应该厌恶自己的工作，世界上再也找不出比这更糟糕的事情了。如果环境迫使你不得不做一些枯燥乏味的工作，你也应该想方设法使之充满乐趣。用这种积极的态度对待工作，无论做什么，都很容易取得意想不到的效果。

人可以通过工作来学习，可以通过工作来获取经验、知识和信心，也可以通过工作来获取人生的乐趣。你对工作投入的热情越多，决心越大，工作效率就越高。当你抱有这样的工作热情时，上班就不再是一件苦差事，工作就变成了一种乐趣，就会有许多人愿意聘请你来做你所喜欢的事。工作是为了让自己更快乐！如果你每天工作 8 小时，就等于在快乐地游泳，这是一件多么划算的事情啊！

用诚实赢得别人的尊重

诚实是一名优秀员工必备的美德之一。诚实与不诚实，对一个人来说有着天壤之别。诚实的人终究会得到人生的奖赏，而不诚实的人，等待他的将是失败和一无所有。一名员工只有诚实坦荡，才能够赢得他人的信赖和敬重，让老板乐于接纳。

英国一位作家哈尔顿为了编写《英国科学家的性格和修养》而采访达尔文。达尔文的诚实是尽人皆知的，因此，哈尔顿不客气地直接问："你主要的缺点是什么？"

达尔文回答："不懂数学和新的语言，缺乏理解力，不善于合乎逻辑地思维。"哈尔顿又问："你的治学态度是什么？"达尔文又答："很用功，但没有掌握学习方法。"听过这些话的人无不为达尔文的坦率和诚实而鼓掌。

一般说来，像达尔文这样蜚声全球的大科学家，在回答问题时说几句不痛不痒的话，甚至为自己的声望再添几圈光环，没有人会产生异议。但达尔文没有这样做，他是诚实的，一是一，二是二，甚至把自己的缺点也毫不掩饰地袒露在别人面前。大家都为他的诚实所感动，从内心深处喜欢他、敬佩他，因为只有品质高尚的人才能做得到这一点。

事业成功的人大都比较诚实，因为他们不仅希望诚实地对待别人，更希望别人诚实地对待自己。他们知道，如果自己是诚实的，就能保证在顺境时有人助，在逆境时有人扶。

吉姆·伯克是美国强生制药公司的总裁。20世纪80年代初期，该公司的主导产品泰米诺尔胶囊在芝加哥被人作为杀人工具。手段很简单——凶手把胶囊中的醋氨酚粉剂换成了氯化物，装瓶后再放回货架上销售。虽然产品本身并没有什么问题，但人们已经对它产生了恐惧心理和不良印象，所以产品的销量锐减，伯克也面临破产的危险。

人们都为伯克担心，怕他处理不好这样棘手的事情，会使公司与消费者之间的关系变得更加紧张，而他自己也不可避免地成为众怒之下的公众靶子。伯克却认为，现在不是发表一篇由律师精心审查的不署名的公告的时候，也不是担心和逃避受人责难的时候，而是要正视公愤的时候。他应当诚实地站在公众面前，让公众理解公司也和他们一样也是受害者。

吉姆·伯克发表了诚实的讲话，他对人们说："一个拥有60亿美元资产的跨国公司，就像一个孩子多、负担重的贫困家庭……它希望用自己的真心换取大家的真心……现在我们同坐在一只小木筏上，随波逐流，面临同样险恶而孤立无援的境地。我们应当同舟共济，共渡难关。"

这些话虽然十分浅显，却令人感到温馨和感动。伯克的话竟然换来了大家的信任、谅解和合作，不仅保住了泰米诺尔这个牌子，还维护了公司的形象，他使公众认识到，吉姆·伯克就是他们的朋友。结果，这次风波过后，泰米诺尔胶囊的销售份额不但回升到了事故前的水平，而且还超出了50%。

诚实是一种美德，人们一直也没有找到更令人满意的词来代替它。诚实比人的其他品质更能深刻地表达人的内心。诚实还会升华你的人品，让更多的人支持你，让你取得更大的成功。一个人只有诚实，才能够赢得他人的信赖和敬重；一个人只有诚实，才能成为最受企业欢迎的人。

学无止境，不断充实自己

学习是任何职业人员的第一课堂，要想在竞争激烈的商业环境中胜出，就得学习从工作中汲取经验、探寻智慧的启发，以及有助于提升效率的资讯。

美国有专门的机构调查结果显示，现在职业半衰期越来越短，所有高薪者若不学习，5 年后就会变成低薪者。就业竞争加剧是知识折旧的重要原因。未来社会只有两种人：一种是忙得要死的人，另外一种是找不到工作的人。

有一句格言："只因准备不足才导致失败。"这句话可以写在无数可怜的失败者的墓碑上。有些人虽然肯努力、肯牺牲，但由于在知识和经验上准备不足，做事大费周折，始终达不到目的，实现不了成功的梦想。

年轻的彼得·詹宁斯是美国 ABC 晚间新闻的当红主播，虽然他连大学都没有毕业，但是却把事业作为他的教育课堂。在他当了 3 年主播后，毅然决定辞去人人艳羡的主播职位，到新闻第一线去磨炼，干起记者的工作；他在美国国内报道了许多不同地区的新闻，并且成为美国电视网第一个常驻中东的特派员；后来他搬到伦敦，成为欧洲地区的特派员。经过这些历练后，他重又回到 ABC 主播台的位置。此时，他已由一个初出茅庐的年轻小伙子成长为一名成熟稳健而又受欢迎的记者。

可见，要想在激烈竞争的职场中胜出，就要在工作中不断充电，以新的技能来支持你的成功。

惠普公司董事长兼首席执行官卡莉·费奥莉纳女士从秘书工作开始职业生涯，后来是如何提升自我价值，一步步走向成功，并最终从男性主宰的权力世界中脱颖而出的呢?

答案就是不断在工作中学习。

卡莉·费奥莉纳学过法律，也学过历史和哲学，但这些都不是她最终成为 CEO 的必要条件。

卡莉·费奥莉纳并非技术专业出身，在惠普这样一家以技术创新而领先的公司里，她只有通过自己的不断学习才能提升自己。

她说："不断学习是一个 CEO 成功的最基本要素。这里说的不断学习，是在工作中不断总结过去的经验，不断适应新的环境和新的变化，不断体会更好的工作方法和效率。我在刚开始的时候，也做过一些不起眼的工作，但我还是从自己的兴趣出发，找最合适的工作岗位。因为，只有我的工作与我的兴趣相吻合，我才能最大限度地在工作中学习新的知识和经验。在惠普，不只是我需要在工作中不断学习，整个惠普都有鼓励员工学习的机制。每过一段时间，大家就会坐在一起，相互交流，了解对方和整个公司的动态，了解业界的新动向。这些小事情，是能保证大家紧跟时代、在工作中不断自我更新的好办法。""很少有人能够具备与生俱来的领导能力，真正成功的领导者肯定是在工作中不断积累经验、不断学习而逐步成功的。"

通过在工作中不断学习，才能提高自己的实际能力。作为一个员工，不论是在职业生涯的哪个阶段，学习的脚步都不能停歇，要把工作视为学习的殿堂。你的知识对于所服务的公司而言是很有价值的宝库，所以你要好好自我督促，别让自己的技能落在时代的后头。

充满自信迎接面前的工作

自信心对一个人的成长有着相当重要的作用，它可以支持强者渡过难关，帮助弱者赢得成功。在一个人的整个职业生涯中，要对工作充满信心，保持热情与活力，这样才会有所成就。

古希腊大哲学家苏格拉底临终前曾留下一句名言："最优秀的人其实就是你自己。"这句话点破了古往今来所有成功者的奥秘，是每一个渴望在事业上有所作为的员工应当奉行的金玉良言。

在老板眼中，最优秀的员工其实就是你自己。在所有的职员中，老板最喜欢的是那些对自己充满自信，认为自己最优秀的员工。

对生活充满信心的人，生活才不会令他失望。对工作充满信心的员工，工作便会赋予他生命非凡的意义。

如果你的老板问："你是优秀的员工吗？"可能有一部分人会做出肯定的回答。但是，如果他再问："你是最优秀的员工吗？"这时能够做出肯定回答的人已经寥寥无几了。实际上，在那许多犹豫不决的甚至是做出否定回答的人群当中，许多人在某个范围来说确实是最优秀的，他们之所以没有认为自己是最优秀的人，除了在他们的心中还保持着谦逊的传统美德外，不敢相信自己、对自己缺乏信心也是最主要的原因。所以，培植自信也就是让自己说出"我是最优秀的人"，是成为老板眼中优秀员工最关键的一步。

著名作家爱默生说得好："自信是成功的第一秘诀。"而自卑者的实质就是自己不能正确认识自己，看不起自己，不相信自己，总有一种无力感，做什么事情总是自暴自弃，什么都要依赖别人，结果什么事情都做不好。要矫正自卑心理，必须要树立"我能行"这种想法。凡事总要有信心，时刻想着"行"这个字，以此来鼓励自己，并付诸实践。这样做，开始时可能会感到不习惯，时间长了，尤其是在干了几件成功的事之后，慢慢就会产生那种"天生我材必有用"的想法，就能改变过于自卑的心理。

有很大一部分人的自卑是在多次碰壁、屡遭挫折后产生的。所以，我们要克服自卑，就不要好高骛远，要确立合适的目标，从小事做起，一步一步地去干那些自己能干的事，即采用"小步子"的方式来改变自己的心理状态。

而一个人也不能没有大目标，不能没有长远的打算，当这些长远的目标制定出来以后，更重要的是多设一些中间目标，一步一步完成，经常用能完成的"中间成就值"来鼓励自己。还要善于扬长避短，善于在你的强项中获得成功，而成功经验的积累可以不断地消除你的自卑感，增强你的自信心。

自卑与自傲看起来距离很大，实际上却是孪生姐妹。诚如外国学者斯宾诺沙所说的那样："自卑虽与骄傲相反，但实际却与骄傲最为接近。"一般来说，自卑感强的人往往有过强的自尊心，他们的心理包袱很大，不能轻装前进。实际上完全没有必要，这个心理包袱是他们自己背上的，是自寻烦恼的结果。

要正确对待过去所发生的一切，尤其是要努力从过去的心理创伤中摆脱出来，不要总是责备自己。要学会这样的思想方法：当自己一想到过去不愉快的事时，就迅速转移目标，经常用愉快的事情来调节自己。学会改变自己内心的忧愁，是消除自卑产生的基础。

对于那些有缺陷或有残疾的人来说，不能用“有色眼镜”看待自己，更不能用“有色眼镜”去看待他人。社会中绝大部分的人总是同情、关心、爱护你的。你要坚信这一点：当用自己顽强的毅力获得成果时，社会对你将会更加尊敬，所以不必为自己身体的残疾而背上包袱。

做老板的左膀右臂

每个公司的老板都不是全能的，都需要一两个或者更多的助手去帮助他，帮他排忧解难，帮他解决工作中或大或小的问题。而你就应该成为老板身边不可或缺的得力助手，去做老板的左膀右臂。

上司一般都把自己的下属当成是自己人，希望下属对他忠诚，尊敬他、听他的命令，对那种抱有“身在曹营心在汉”的人是最为反感的。你若想成为领导得力的助手，使领导处处需要你、信任你，在工作中处处离不开你，那就要做到：一方面，工作上能处处为上司着想，竭尽全力为上司服务；另一方面，生活中也拉近与上司的关系，做到滴水不漏。

对于上司来说，他们大都喜欢有工作热情的人，接受任务时不推三阻四，积极主动地克服工作中遇到的困难，很少有怨天尤人、唉声叹气的时候，不论遇到什么挫折打击都能以一种高昂的姿态去工作，给领导留下的总是“积极能干”的好形象。

大多数人认为领导都喜欢那些听话的下属，而且领导给下属的印象也是这样的。其实，领导都希望自己的下属能替自己分忧，想他没有想到的问题，帮助他去做一些辅助的工作。

人无完人，上司懂得的知识不一定比下属多。有时候下属利用自己知道的知识来为上司弥补不足，让上司在工作中呼风唤雨，潇洒自如地完成工作。

哪个领导不喜欢这样的下属来做自己的左膀右臂啊？

若想成为老板的左膀右臂，你需要注意以下几点：

1. 在工作中做个有心人，时时思考，处处思考

无论你从事什么职业、什么工作，你都应该为公司的发展和公司遇到的事情提出合理化的建议。只要自认为对公司有帮助的建议，就要大胆地提出来。即使自己的建议没有被老板采纳，也不必耿耿于怀，因为你主动提建议是站在老板的角度，为公司着想的。这样你才能不断进步，不断创新，从而使自己的职业生涯不断发展。

2. 为老板排忧解难

作为老板，当然希望看到员工与自己形成良好的默契，能够自觉为他排忧解难。当工作出现难题的时候，老板希望看到的是员工自己想办法解决，而不是来找自己。为老板排忧解难就是为自己创造晋升的机会。不管你是想在现在的公司晋升，还是试图在外面找一个更理想的工作，作为员工都应该掌握这样一个法则：积极主动地为你的老板分担烦恼。这是获得赏识的最有效途径。

3. 让老板离不开你

很多员工都有这样一种感觉：与上司相处是一件非常艰难的事情。尤其当你发现，你和你的上司完全是两种人，你们的思维方式和行为方式都格格不入时。其实，若想得到上司的赏识，并成为他离不开的人也不难，只要你不断表现出自己的工作能力就可以了。在你的上司看得到的地方，你要努力去做；在他看不到的地方，你同样也要努力。你应该相信，上司在时刻关注着你，你尽职尽责的表现，上司总会注意得到。一旦成为上司离不开的人，就证明你已经拥有了不可替代的地位了。

工作要做到最好

现在很多的职场人士对工作都抱着“只要称职就足够了”的态度，他们认为没有必要做到最好。然而，恰恰是这样的想法，让他们永远无法得到老板的青睐，永远难以获得提升自己的机会。职场中也有一些人，他们在自己平凡的岗位上，做出了非凡的成绩。他们比别人投入更多的心力，他们不满足于60分的状态，在他们的职场宝典中，有很重要的一条，那就是：把工作做到出色。

NBA的传奇人物“飞人”乔丹曾经说过，“从平庸迈入杰出的境界，关键在于自己的态度”。这句话同样适用于我们的工作和生活。

一个员工只有不断提高工作目标，才能够把自己的工作做得更好。一个从来不想超越自己的人，永远不会有更高品质的人生。

底特律中学有一名以要求严厉著称的希腊语老师亨利·谢德拉。他从来不肯妥协，他会给每一个学生充分的时间去达到他的要求，但是必须达到100%的正确，一旦出现错误，他就会毫不客气地让学生感到难堪。即使是在别的老师都已经放松要求的情况下，他也不会做出让步。

在学生走进他的班级时，他对他们说：“如果你们想学习希腊语，我要让你们知道你们将面临什么。我不是一个满足于‘一般好’的老师，我不喜欢‘好’的学生，我只喜欢‘更优秀’的学生。”查理是他的一名学生，他决定用谢德拉老师的标准来要求自己，于是他开始了刻苦的努力。为了纠正一个读音上的错误，他写满一黑板的句子，然后全部擦掉，再写一遍。在别人写10遍的时候，查理常常会写不下20遍。终于，查理把作业做到了无可挑剔。这个时候，谢德拉老师没有表扬他，而是让他继续努力，争取做得更好。后来，查理离开了校园，走上了社会，他一生都用谢德拉老师的标准要求自己。他说："任何值得做的事，都值得做好；任何值得做好的事，都值得做得更好。"正是这样的工作态度，让查理取得了巨大的成就。

滴水能穿石，不仅因为它持之以恒，而且因为它的目标始终如一，所以只有不断追求卓越的员工，才能把自己的工作做到更好。生活中最让人痛心的不是在追求更好的过程中的失败，而是那些本来壮志凌云的员工在追求中停止了进取，满足于现状，最终变得不思进取。只追求最低工作标准的员工往往连最低标准也达不到，只有那些不断追求做得更好的员工才能够成为职场中的赢家。

职场中，无论你身处何种境地，你都需要给自己一个明确的目标，让自己不断超越，努力变得优秀。第一个冲向终点的人不一定是起跑最快的人，而常常是那些有强烈的成功欲望的人；工作中最后的胜利者也一定是那些能够不断追求卓越的员工。

每一位员工都有超越自己的潜能，之所以不能够实现超越，是因为他们从内心深处放弃了追求卓越的渴望。只要从现在起，为自己制定进入优秀员工行列的目标，并且为追求目标注入充足的活力，那么每一位员工都能够超越平凡的自己。

现在这个时代职场竞争的激烈程度已经很难用语言来形容了。每天每家公司都有人被辞退，被淘汰出局。现实环境要求我们必须做到足够优秀，否则，明天你就可能失去这份工作。

一位出版社的编辑从不惹是生非，每天按时上班，按时下班，工作上也很少出错。但半年前，她被辞退了。其父为此闹到单位："我女儿也没犯什么错误，怎么就不让干了呢？"

的确，没犯错误理应正常工作，但是现代职场没犯错误已不是工作的充分条件，因为在"没犯错误"之上还有"表现良好"，在"表现良好"之上还有"表现优秀"。职场最先选择的自然是"表现优秀"的人，而"没犯错误"的人只能是被淘汰了，因为没有人会舍弃黄金而取粗沙的。

所以，工作中仅仅是"称职"是不够的，要想长久拥有现在的工作，就必须做到"出色"。而要想以现在的工作为起点，尽快实现自己的梦想，获得成长和发展的机会，就必须做到"卓越"才可以。

PART 02 第二章

做品德高尚的好员工

ZUO PIN DE GAO SHANG DE HAO YUAN GONG

好员工不仅要在业务上是个好手，更要在同事中留有好的口碑，而品德高尚者往往更容易做到这一点。不要妄图用强权来获得好口碑，好的口碑是人们发自内心的。

好人品是优秀员工的前提

现代社会是一个人才济济的社会，要想找到一个有能力的人并不难，但若想找到一个既有工作能力，又具备好人品的人才却并不是那么容易的事。人品的好坏越来越成为衡量一名员工优秀与否的重要标准。一个拥有好人品的员工才能够努力工作，将自己的工作做好；而一个人品比较差的员工，就算是再具备工作能力，也不一定会好好地去工作，更不一定能够将自己的工作做好。

某企业新来了一名大学生，在他刚走出大学校门的时候，除了脑子里面储存的一些理论知识外，可以说什么都不懂。刚开始的时候，公司给了他非常周到的照顾，考虑他家在外地，便给他独自安排了一间房。在工资待遇上，也没让他委屈着，给了他一份很不错的薪水。公司也特别看重他，一心一意地把他作为一个人才来重点培养，不仅如此，公司还把他安排到各个关键部门去实习。在这期间，由于这名大学生头脑比较灵活，学习也比较认真，公司领导对他就更加看重了。

一年以后，公司专门把他派到国外去进修，进修的费用全部由公司来承担，并且在此期间他的工资仍旧全额发放。这个大学生在两年后学成归来，被公司委以重任。然而，令人无论如何都想不到的是，过了没多长时间，这名大学生就把辞职报告递交到了老板的办公桌上。原来，另外一家同行业的高薪企业通过猎头挖他，向他许诺给予他更高的职位和高于他目前几倍的薪水。公司老板当然不会同意让他离职，假如他一定要离职的话，必须得返还公司之前为他所支付的工资和培训费。然而，由于公司当时的人事管理非常不规范，仅仅只和他达成了口头协议，并没有正式签订培训协议，最后，公司只能任凭这个大学生离开而毫无办法。该公司为这名大学生支付了几十万元的费用，同时还投入了大量的时间和精力，而这名大学生并没有为公司作出任何贡献就走人了，使公司成了实实在在的为他人作嫁衣的“冤大头”。

试想，假如没有这家公司的录用，没有这家公司领导的器重，没有这家公司的培养，这名刚刚走出校门的大学生怎么可能会有后来的前程呢？这家公司为这名大学生付出了那么多，然而，他不但不懂得对公司、对领导感恩，反而还做出了令人非常失望和气愤的事情，这是一种严重的人品缺失行为。这样的员工即使是到了其他公司，也未必就会踏踏实实地干下去。那些三心二意、朝秦暮楚、自私自利、对自己的公司不能做到忠诚的人，即便是工作能力再强，也迟早会被公司淘汰。

某公司的经理刘总经常为公司里每个月高额的电话费感到头疼，他非常纳闷，一直也没有查出究竟是谁打的电话。在查看了话费单之后，李总认定有职员总是利用公司的电话打私人电话。让他没想到的是，当天，他在下班之后，因为还要办一点儿重要的事情临时返回了公司。可他一进公司，就碰到一位职员在用公司的电话往家里打长途。面对责问，那名职员还有些委屈地说：“我很少这样做，没想到今天就被你撞见了。”刘总后来透露，他本来是要提拔那位职员做自己的助理的，因为在公司众多的员工之中，这个人还算是比较有能力的，是一个合适的人选，可就是由于这件事，让他否定了之前的想法。就这样，这个以公济私的员工与一次晋升的机会擦肩而过了。

人们常说成功也要靠机遇，其实很多时候的“机遇”，往往就是一个人的好品质所带来的。当你在别人面前表现出你的忠诚、你的尽责、你的诚信……就会不经意地赢来别人的认可。反之，如果你给别人所留下的印象是品质恶劣，那么，很可能你就会因此错失许多良机。

有一位经理人曾这样说过：“我们在招聘和提拔员工时，会把人品放在第一位。如果人品有问题的话，那么，一个人的能力越大，他给公司所造成的损失也就越大。”的确，这就好比一个越聪明、文化水平越高的人，他的犯罪水平也就越高一样。所以，如果鱼与熊掌不可兼得，在能力与人品两者之间只能择其一的话，很多公司都会选择人品而放弃能力。但这并不意味着能力不重要，只是说高尚的人品比卓越的能力更加难能可贵，一个具备好人品的人可以慢慢练就一身专业的技术本领，但一个原本就拥有出色能力的人却未必可以慢慢让自己具备好品质。总之，能力有价，人品无价，如果能够做到既有能力又有人品、德才兼备的话，自然就是老板眼中的“抢手货”了。

好品德是获取成功的保证

一个人拥有什么样的品行就决定着他将会成就什么样的事业，一个以欺瞒诈骗为手段的生意人，是不可能把生意做大的。比如说，当你在菜市场上买完东西，回家后发现缺斤少两，下次你就不可能再去那家买东西了；当你在一家商店买了仿造牌子的服装，下一次你也不可能再逛这家商店了；当你在一家饭店吃饭时，对服务生的服务态度感到非常不满，那么，下一次你又怎么会再去光顾呢?

以假乱真、以次充好的行为都是商界的大忌，总有一天这种道德败坏的人会尝到自己种下的苦果。反之，在工作中，如果你总是带着诚意去对待自己的领导、自己的员工、自己的同事和自己的客户，总有一天，你会从中受益的。

美国有一家公司在中国订购了一批价格比较昂贵的玻璃杯，为此，美国公司专门派了一位代表前来监督生产。当这位代表来到中国后，他发现这家玻璃厂的技术水平以及生产质量都是世界一流的，生产出来的产品几乎可以称得上是完美无缺。他感到非常满意，就没有刻意去挑剔什么，原因是中方自己的要求比美方还要严格。

有一天，这位代表无意中来到了生产车间，他发现这些工人们正在从生产线上挑出一部分杯子放在旁边，他上去认认真真地看了一下，最终也没有发现两种杯子之间到底有怎样的差别，于是，他好奇地问道："挑出来的杯子是干什么用的？"

"那些杯子都是不合格的次品。"一名工人一边工作一边回答说。

"但是我并没有发现这只杯子和其他的杯子相比到底有什么区别啊！"美方代表一脸疑惑地问。

"你看看这里就知道了。这儿多了一个小气泡，说明杯子在吹制的过程中漏进来了空气。"

"但是这并不会影响使用啊！"

这名工人非常自然地回答说："既然是工作，我们就一定要将工作做好，不管是什么缺陷，即使客户们看不出来，对我们来说，也都是不允许的。"

"那么一般来说，这些次品能卖多少钱呢？"

"大概一元钱左右。"

这天晚上，这位美方代表给总部写信，向总部汇报道："一个完全符合我们的检验和使用标准、价值大约20元的杯子，在这里却被在无人监督的情况下用近乎苛刻的标准挑选出来，仅仅只卖一元钱。这样的员工可以称得上是典范，这样的企业又有什么让我们不可信任的？我建议公司立即与该公司签订长期的供销合同，我想我也没有必要继续留在这里了。"

一个真正聪明的人，不会弃道德于不顾，一意孤行地去做伤天害理的事情。每个人的眼睛都是雪亮的，别人是否具有高尚的品行，是否做出了让人可以信任和钦佩的事，大家都有目共睹，因此，那些总是用较高的道德水平来要求自己的人，总会取得最终的胜利。

以德服人，以德制人

俗话说得好：让人口服不如让人心服。因为口服仅仅只是一时的服气，它并不能够使一个人完全顺服于你，但如果你能够让一个人做到心服的话，那才是真正的长久之计。而如何才能够做到让人口服心服呢？答案就是：“以德服人，以德制人。”

汉景帝刘启在位时，有一个名叫韩安国的人，他曾跟随梁孝王刘武一起做事，由于他在平定吴、楚等“七国之乱”中立下了赫赫功勋，因而声名远扬。后来，由于不幸遭到小人的陷害，被捕入狱。

在狱中，韩安国经常受到狱吏田甲的欺负和侮辱。于是，他对田甲说：“你不要欺人太甚了，要知道死灰还有复燃的时候呢！”然而，不知天高地厚的田甲却冷笑道：“就算是死灰真的复燃了，我还可以用尿把它浇灭。”

没想到，几个月之后，朝廷果然下诏，释放韩安国，并任命他为梁国内史。田甲听说韩安国复居高位，吓得屁滚尿流，他怕遭到韩安国的报复，赶紧弃家而逃。而韩安国却下令：“如果田甲不回来就职的话，我会下令将他们田家整族的人都灭掉。”别无选择、走投无路的田甲，只好乖乖地回来向韩安国谢罪，他袒露着上身跪在韩安国的面前请求他的原谅。

韩安国看到田甲如此狼狈的样子，不禁笑道：“死灰现在已经复燃了，你不是说要用尿浇吗？怎么还会吓成这样呢！像你这样的人，值得我跟你斤斤计较吗？”韩安国不但没有对他施加任何惩罚，还善待了他，让他官复原职。田甲一家人都很感激韩安国的宽宏大量，从此，田甲小心为官，再也不敢欺压人，出任何差错了。

面对与别人之间的仇恨，有人选择了“以其人之道，还治其人之身”的方式，难免落得鱼死网破，两败俱伤，这种做法可谓得不偿失。然而，也有人选择了“以德服人，以德制人”，用仁义大度的胸怀，宽恕别人，原谅所有的不公，把敌人变成自己的朋友。最终，这种人更彻底地为自己在前进的道路上铲除了障碍。

松下幸之助是日本松下公司的创始人，因为他有着高超的经营技巧和独特的管理方法，所以，他被人们称为“经营之神”。

投奔松下公司的后腾清一原本是三洋电机公司的副董事长。后腾清一在担任松下的厂长时，有一次，由于管理上的疏忽，一场大火将工厂烧掉了。这让后腾清一坐立不安，心中感到非常惶恐。他知道犯了这样的大错误自己即使不被革职也要降级，然而，事实却出乎他的意料。松下在接到报告之后，并没有严厉斥责他，而仅仅是对他说了四个字：“好好干吧！”

松下之所以对后腾清一这样宽大处理，并不是对部下的姑息纵容。如果这是在平常，即使后腾清一只是打电话的方式不对，松下也会对他严厉斥责一番。松下的这种作风正是管理属下的独到之处。后腾清一没有因为这次的火灾事件而受到处罚，他心里自然会感到非常愧疚，因此，他会在此后更加忠心耿耿地效命于松下，并以加倍努力地工作来回报他。

作为领导者，想要留住人才，让手下的人才更好地为自己工作，就应该懂得怎样才能巧妙地抓住他们的心理。在他们平日犯一些微小的错误时，他们自己可能由于疏忽而没有注意到，因此，做领导的要严加斥责并批评改正。

然而，当他们犯下大错误时，即使没人指出来，他们自己也知道这其中的轻重缓急，不加以严厉的批评指责反而更能引起他们的自省。如果领导人仅仅只看眼前利益的得失，对员工所犯的任何错误都要劈头盖脸、毫不留情地横加指责，或者动不动就产生开除员工的念头，那么这样的领导人是留不住真正的人才的，而且这样的人也不可能把自己的事业做得多么辉煌，因为人才是一个公司、一个企业获得发展不可或缺的关键因素。因此，作为领导人，一定要学会“以德服人，以德制人”，只有这样，才能广纳贤才，为自己的事业谋得更长远的发展。

道德水平决定工作态度

一个人的道德水平决定着他对自己工作的态度、对待别人的态度和对待自己的态度。在道德尺度面前，到底是“道德”战胜“利益”，还是“利益”战胜“道德”？这让每个人都面临着艰难的抉择。然而，一个有良知的人是不会舍德而取利的。

每个人在犯了错误时，都希望得到别人的原谅与宽容，那样自己也就可以宽容自己，让自己的心灵彻底解放了。然而，一旦我们犯下的是难以启齿的错误时，就会矛盾纠结，从而不知所措，因为一旦我们承认了自己的错误，就可能招致众人劈头盖脸的严厉指责，甚至于更加严重的惩罚。然而，倘若我们不去承认，又会受到自己良心的谴责，让我们的内心永远不得安宁。既能够得到别人的原谅，也能够得到自己的原谅，固然是件两全其美的事情，然而，很多时候，当我们无法兼得时，你将会怎样选择呢？

著名的心理学家、散文家刘墉在他的一篇名为《庸医与华佗》的文章中，曾讲述了一则让人颇为感慨的故事，内容大致如下：

在某医院里，一位有着多年行医经验的妇科医生，几十年来，由于他的技术高超，人们都称赞他能妙手回春，赞誉他是“华佗再世”。然而，世上没有人永远不犯错误，这名医生也一样。由于诊断失误，他将一个孕妇子宫里的胎儿当成了肿瘤，并告知病人为了防止其扩散必须尽快进行手术。这让病人感到十分惊恐，同时也非常感激这名医生及时发现了隐藏在她子宫里的这颗肿瘤。

这名病人及其家属都希望能够尽快做这个手术，因此，与这次手术相关的一切事宜很快就安排好了，手术室里的所有器材全都是崭新的。对于这位已经有过多年成功手术经验的医生来说，仅仅只需对着病人的子宫处割开一个小小的刀口，就可以将病人腹中的肿瘤摘除，并且凭着这名医生的技术，他完全可以做到让病人永无后患。

然而，事情全然出乎医生的意料之外。当他割开病人的腹部，认真地向子宫内部观察，并且他的一只手已经将手术刀握在手里，随时准备切除病人身上的肿瘤时，他却被眼前所见到的一切惊呆了。他手里的刀子停在了半空，眼睛直直地望着病人的子宫处，额头上沁着豆大的汗珠。

他简直不敢相信自己的眼睛。行医数十年都没有出现过差错，但在当下，他却遇到了万分棘手的情况：原来病人子宫里所长的并非肿瘤，而是一个胎儿。

医生的思绪陷入了激烈的矛盾争斗中，他在犹豫自己到底该不该下刀动这个手术。假如自己果真下刀将病人子宫中的胎儿拿掉，之后再告诉她肿瘤手术很成功，那么病人一定会对他感恩戴德，并且他敢断定，病人腹中所谓的“肿瘤”再也不会复发，那样的话，病人一家甚至会将他看成是“华佗再世、扁鹊再生”的恩人。当然，他也可以将病人的刀口缝合好，之后告诉病人实情。他看了几十年的病，从来都没有失误过，然而这一次他却出了差错。他清楚，如果这样做，他是无论如何也得不到病人及其家属的原谅的。

在这仅仅不过数秒钟的挣扎中，医生感觉自己的身上已经汗流浃背，浑身都湿透了。最终他还是狠下心做了决定。在小心翼翼地将病人的刀口缝合完毕之后，医生回到办公室中，静静地等待着病人苏醒过来后那不得不面对的一幕。

当护士通知他病人已经苏醒过来后，他站起身，长长地吸了一口气，然后向病房走去。来到病人床前的时候，他脸上的表情严肃。这使病人以及围在病人周围的亲戚朋友都捏了一把汗，等待着医生宣布一个不幸的消息：很可能是因为病人已经到了癌症晚期。

只见医生上前鞠了一躬：“真的很抱歉！夫人，是我诊断失误。在你子宫中的并不是肿瘤，而是一个胎儿，你只是怀孕了。”医生带着满心的歉疚继续道：“不过，你不用担心，孩子一切安好，相信你一定会生下一个可爱的小宝宝！”

医生的话让病人及其亲属全都呆住了，大家将目光集中到医生身上，由惊讶到愤怒，病人的丈夫终于遏制不住心中的怒火，冲上前去一把揪住医生的衣领，一边摇晃一边大声吼道：“你这个庸医！我不会放过你的，我会找你算账！”

后来，这名病人果然顺利产下了腹中的孩子，而且孩子一切都发育正常。然而，这名医生却几乎身败名裂，他被病人的家属告得几乎破产，最重要的是他的名誉严重受损。人们不再相信他是一位“再世的华佗”，很多人因为听说他是一位庸医都不敢让他诊治了。

因此，他的朋友笑话他傻，为什么不肯将错就错呢？即便是推说那是个畸形的死胎，又有谁会知道呢？然而，医生却淡然一笑，回答道：“我自己知道，老天也知道！”

的确，很多人在做错事时，总以为可以瞒天过海、神不知鬼不觉，岂不知，就算是其他人不知道，自己和老天也是一清二楚的。一个人可以不在乎别人的说法，可以无视别人的责备，然而，他往往逃脱不了自己对自己的责备和内心的愧疚，而这种自责与愧疚恰是自己对自己一种无法逃避的惩罚。也许，一时犯下的小错误，会让这种惩罚伴随你一小段时间，然而，当你一旦铸成了滔天大错时，这种惩罚就会伴随你一生一世，让你永远无法逃出内心那自责与愧疚的牢狱。

古人说得好："凡事不求无愧于人，但求无愧于心。"一个人做错了事并不可耻，可耻的是没有去承认错误的勇气；一个人最痛苦的事不是犯了过错，而是犯了过错后自己无法在内心里原谅自己、宽容自己。一个人最贫穷的时候，不是缺少金钱的时候，而是"缺德"的时候。只有做一个有品德的人，我们才会问心无愧，让自己活得坦坦荡荡。

人品优劣决定工作质量

人品是一个人本身所具有的，它看似和工作没有多大关系，但实际上，它和一个人的工作息息相关。那些拥有较好人品的人，往往能够拥有一份比较满意的工作，并且工作起来也比较顺手。那些人品较差的人则不一样，他们总觉得自己的工作不能称心如意，总是怨天尤人，不从自身找原因。要知道客观因素是次要的，只有主观因素才是导致自己做事失败的最根本原因。

有一家日资公司的公关部招聘一位职员，很多人都参加了这场角逐。公司的面试和笔试非常烦琐，一轮轮淘汰下来之后，最终就只剩下了五个人。

这五个人都非常优秀，并且都是从名牌大学毕业的，有着较好的外表条件和学识。公司通知这五个人，聘用谁得由日方经理层会议讨论通过才能够决定。于是，这五个人安心地回家，等待公司的最后决定。

过了几天之后，其中一位应聘者的电子邮箱里收到了一封公司人事部发来的信件，信件的内容是："经过公司的研究决定，你落聘了，但是我们欣赏你的学识、气质，因为名额所限，实是割爱之举。公司以后若有招聘名额，一定优先通知你。你所提交的材料录入电脑存档后，公司很快就将返还给你。另外，为了感谢你对本公司的信任，还随信寄来本公司产品的优惠券一份。祝你开心。"她在收到电子邮件的那一刻，十分伤心。但又为外资公司的诚意所感动。两天后，她收到了寄给她的材料和一份优惠券，另加一个电子邮件中没有提及的带有公司标志的小饰物。

她十分感动，顺手花了三分钟时间用电子邮件给那家公司发了一封简短的感谢信。

两个星期之后，她收到了那家日资公司的电话，说经过日方经理层会议的讨论，她已经被正式录用为该公司的职员。

后来，她才明白这是公司最后的一道考题。公司给其他的四个人也发了同样的电子邮件，也送了优惠券和小饰物，然而写回信表示感谢的却只有她一个人。之所以能够胜出，就是因为她多花了三分钟的时间去感谢公司。

其实，这家日资单位的最后一道考题就是考验一个人的人品。一个人只有有礼貌、懂感恩，才能对自己所拥有的工作心怀感激，才能全力以赴地投入自己的工作中，将工作做好。总之，工作会因为一个人的好人品而精彩，也只有一个拥有好人品的人，才能够在工作中取胜。

好的人品无法用金钱获得

金钱可以买来房子，买来车子，买来你想要的很多东西，却无法买来一个人的人品。因为金钱有价，而人品无价，一个真正有道德、有品行的人是不会让自己的人品被金钱所淹没和吞噬的。

有一名老锁匠，他的手艺几乎是远近闻名，然而更让人敬重的是他的人品。因为他每次为顾客配钥匙的时候，总不忘告诉人家自己的姓名和住址，并且说："假如你家发生了盗窃事件，只要你家的门是用钥匙打开的，你就来找我！"老锁匠老了，为了不让自己的手艺失传，他决定在两个年轻的徒弟中选一个作为自己的接班人。为此，他进行了一次考试。他准备了两个保险箱，分别放在了两个房间里，事先规定，谁能够在最短的时间内打开，谁就有资格得到自己的真传。

大徒弟用了不到10分钟的时间就打开了保险箱，二徒弟却用了更多的时间，看来答案似乎已经十分明显。然而，就在这时，老锁匠突然向大徒弟发问道："保险箱里面有什么？"

大徒弟连忙回答说："师父，保险箱里面有很多钱。"

老锁匠又将同样的问题问了第二个徒弟，第二个徒弟支支吾吾了好一会儿，最后终于不好意思地回答说："师父，我光顾着开锁了，根本没注意到里面。"

老锁匠点了点头，将保险箱里的钱给了大徒弟，并宣布二徒弟为自己的接班人。大徒弟感到非常不服气，在场许多看热闹的人也纷纷议论，感到莫名其妙，这时候老锁匠说话了：“我培养接班人有一个根本的标准，那就是他必须做到心中只有锁而无其他，对钱财视而不见。否则，心存私念和贪婪，一旦把持不住，去登门入室或者打开人家的保险箱都易如反掌，最终只能是害人害己。对我们修锁的人来说，每个人的心上都有一把不能够打开的锁啊！”

在这则故事中，老锁匠所讲的“每个人的心上都有一把不能够打开的锁”指的就是道德的锁。人一旦控制不住自己，冲破这条道德的底线，就很容易犯下错误。

美国斯坦福大学的一位名叫詹巴斗的心理学家，曾经做过这样一项非常有趣的实验：他找来了两辆一模一样的汽车，把其中的一辆汽车摆在了一个中产阶级的社区，而把另一辆摆在了一个相对较为杂乱的社区。他把后一辆车的车牌号摘掉，并且把车顶打开。结果还不到一天的时间，这辆车就被人给偷走了，而之前的那辆车虽然摆放了一个星期却仍然安然无恙。后来，詹巴斗用锤子将那辆车的玻璃砸开了一个大洞，结果几个小时之后，这辆车就消失不见了。

以这项实验为基础，政治学家威尔逊与犯罪学家凯琳提出了一个“破窗理论”：假如有人打破了一个建筑物的窗户玻璃，而这扇窗户又得不到及时的维修，别人就很有可能会受到某些暗示性的纵容去打烂更多的窗户。久而久之，这些破窗户就会给人造成一种无序的感觉，在这种公众麻木不仁的氛围之中，犯罪就会滋生、增长。

人们在绝大多数的时候习惯于采取惯性思维。对一个不完整的事物，人们往往惯于沿着一个破坏性的思路去思考，见到窗户破了，不去思考该怎样修补，反而想着该如何放纵自己去打碎更多的玻璃。

按照这个道理来推理，如果老锁匠的大徒弟将雇主的门锁和保险箱都打开之后，就很容易生出偷盗的犯罪心理，这是一种职业品德的缺失，是一种道德的沦丧。然而，现如今这种缺乏职业品质的事情仍然存在。

在中国的某一个著名城市，有一批很快就将成为建筑师的年轻人，在一名老教授的带领之下，参观了一座刚刚落成却又准备拆除的大厦。原因是大厦的建筑师收受贿赂，在他的设计方案中改换了关系工程质量的一连串数据。

所有在场的人全都惊呆了。伤心的老教授颤颤巍巍地走到了学生们跟前，他似乎想要说什么，却又哽咽着难以开口，只说了半句：“咱们作为建筑师，不应该造孽，应该积德……”

在美国马里兰州建筑学院一次盛大的毕业典礼上，著名的建筑师弗兰克·劳埃德·赖特曾这样对着人们演说：“一座大厦就是一位建筑师的名誉，但这名誉绝对不会轻易地从天而降，它必须来自于一块砖头、一块板材。那么究竟什么是一块砖头呢？那就是一块实实在在的砖头。究竟什么是一块板材呢？那就是一块地地道道的板材。而这一切全部都来自于建筑师的人品——实实在在的、正直高尚的人品。”

职场上没有好的人品其实是一件可怕的事情，比如一位教师若没有好的人品就有可能毁掉一个学生的前程；一名医生若没有好的人品就有可能葬送病人的生命；一位科学家若没有好的人品就有可能浪费掉国家的巨额研究资金……总之，身在职场，就一定要尽到你在职场上应尽的责任，同时也必须具备职场人所应该具备的良好品德，你要做到不为权力、名誉和金钱所诱惑，坚定自己的职业立场，做一个有品行、有道德的优秀职业人。

PART 03 第三章

团结的团队战无不胜

TUAN JIE DE TUAN DUI ZHAN WU BU SHENG

在现代企业中再不是单打独斗的天下了，要想将工作做得又快又好，就要发挥团队的合作精神。只有团队强大了，你才能以作为本团队中的成员而自豪。

集体荣誉感是强大的动力

集体荣誉感是对集体的热爱、对身边人的关心，这是一种积极的心理品质，是激发人们奋发上进的精神力量。集体荣誉感是集体凝聚力的来源。我们不能说没有集体荣誉感就没有集体，但可以肯定的是没有集体荣誉感会导致集体走向分崩离析。

“责任、荣誉、国家”是美国西点军校著名的校训。200 年来，西点军校之所以能培养出那么多杰出人才，秘密就在于此。它使西点军校培养出了无数具有强烈的责任感、荣誉感和献身精神的精英。这些精英人物进入商界后，依然秉承这一理念，把“责任、荣誉、国家”作为其企业文化的核心，培养出一批具有荣誉感和责任感、道德品格高尚的员工，从而建立起自己杰出的团队，打造出富有强大生命力的世界一流企业。所以“责任、荣誉、国家”已经成为众多企业的核心价值观，正是这种精神力量的召唤，才造就了最优秀的团队，也培养出了最优秀的员工。

作为一名员工，当你不再仅仅为金钱，也为集体荣誉而工作时，你内心的感受和行动都会产生巨大的变化。有没有集体荣誉感，集体荣誉感的大小，对工作的执行和结果具有决定性作用。

在这个讲求合作的时代，一个人要想成就自己的事业，单枪匹马注定是不可能的，正如一滴水就算有再大的本领也推动不了帆船，挽救不了禾苗，只有融入大海中才能让帆船自由地航行，只有融入小河中才能使禾苗重现生机。与此道理相同，一个人要想成功，就必须融入团队中，只有在团队合作的基础上，才能使自己的才能和智慧发挥得淋漓尽致，才能最大限度地实现人生的自我价值。作为团队中的一员，要时刻保持集体荣誉感，以集体的荣耀为荣，以集体的耻辱为耻，集体的利益就是自己的利益。只有心中充满了对集体荣誉的敬仰，你才会有一颗感恩集体的心，才会有成就的满足感，才会更加懂得珍惜今天所拥有的一切。

有集体荣誉感的员工会顾全大局，以集体利益为重，绝不会为个人的私利而损害公司的整体利益，他们甚至可以为集体的利益不惜牺牲自己的利益。他们知道，只有公司强大了，自己才能有更大的发展，他们明白唇亡齿寒，皮之不存、毛将焉附的道理。如果一个员工对自己的工作有足够的荣誉感，对自己的集体引以为荣，他必定会焕发出极大的工作热情。事实上，往往是那些有集体荣誉感的员工才会敬业爱岗，踏实肯干，才有可能被真正地委以重任。具有集体荣誉感的人，在任何一个集体中都会受到欢迎和尊重。

有了集体荣誉感，才会有敬业精神。具有集体荣誉感的员工都具有强烈的责任心，集体荣誉感可以衍生人对集体的归属感和责任感，使员工更加珍惜和热爱自己的本职工作，兢兢业业，尽职尽责，敬业爱岗。

有了集体荣誉感，才会有进取心。有了集体荣誉感，员工才有自我修炼的渴望，团队才能形成“比、学、赶、帮、超”的良好氛围，团队成员才能不断增强其自我约束、自我完善、自我发展、自我提高的意识。

有了集体荣誉感，才会有合作精神。集体荣誉感能增强团队的协作力，有了集体荣誉感，工作才会不分分内分外，工作起来才能互相协作，紧密配合，相互支持。

集体荣誉感是一种强大的推动力。通过成就创造荣誉，通过荣誉感取得更大的成就。集体荣誉感会激励我们为实现目标而努力，所以，集体荣誉感和自豪感是一个团队战斗力的真正来源，一个没有集体荣誉感的团队是没有希望的团队，一个没有集体荣誉感的员工，也不会成为一名优秀的员工。集体荣誉感是团队的灵魂，对企业的意义非同小可。每一个企业都应该对自己的员工进行集体荣誉感的培养，每一个员工都应该唤起心中对自己工作的集体荣誉感。

树立团队合作意识

树立团队合作意识非常重要，日本人和美国人的合作性非常强。有人形容过中国人“单个人都像一条龙，合在一起却像条虫”，这就是我们中国人常犯的错误，这也是我们的弱点，所以我们在工作中一定要控制自己的个人主义，要善于与人合作。

企业员工不但要做好自己的事，还要善于与周围的人合作。如果员工没有团队至上的意识，就会造成公司内部一盘散沙的局面，出现了问题，没有人愿意去承担相应的责任，导致一项任务在很长一段时间里没有完成等情况。因此，对于一个集体、一个企业，甚至一个国家来讲，团队精神是非常重要、非常关键的。

俗话说“同心山成玉，协力土变金”。当今社会竞争日趋激烈，各种知识、技术不断推陈出新，社会需求越来越多样化。单靠个人能力已很难完全处理各种错综复杂的问题。要想达成切实高效的行动，需要建立合作团队进行必要的行动协调。开发团队应变能力和持续的创新能力，依靠团队合作的力量去创造奇迹。

世界知名企业微软公司在美国以特殊的团队精神著称。像Windows2000操作系统的研发，微软有超过3000名开发人员和测试人员参与，写出了5000万行代码。如果微软没有一个高效统一的团队，没有全部工作人员的默契合作与分工，这项艰巨的任务恐怕至今也无法完成。

所以，一个企业要想高效地完成一项复杂的任务，必须组建一个高效的团队，培养员工的团队意识，树立团队意识至上的信念。

有一家软件公司前不久提升了两位年轻的技术职员做公司的技术主管。其中一位主管感觉自己责任重大，现在技术进步日新月异，部门中还有很多问题没有得到解决，既有压力，也感到紧迫，所以他每天都埋头学习相关的知识，钻研技术文件，加班加点解决技术问题。他认为问题的关键在于，他是否能向下属证明自己在技术方面的出色。

而另一位主管也同样认识到了技术的重要性和自己部门的不足，因此他花很多的时间向下属介绍自己的经验和知识，遇到问题一起解决，并积极地与相关部门联系和协调。

三个月后，两位主管都非常出色地解决了部门的技术问题，而且前一位主管的成绩似乎更为突出。但半年后，这位主管发现问题越来越多，自己越来越忙，但下属对他似乎并不满意，顿时他觉得很是委屈。而另一位主管却得到了下属的拥戴，部门士气高涨，不仅解决了问题，还搞了一些新课题。

可见，如果没有一个合作的团队，即使你的能力再强、再出色，在这个社会分工越来越细、工作越来越复杂的社会中，你不可能把所有的工作完成，更别说做得出色了。但是如果你能够与自己的成员相互信任，相互配合，相互欣赏，努力去发现别人的优点，那么团队的成功也就是自己的成功。

但在现今社会中，一些员工的最大问题恰恰是不能顾全大局。他们把自己的利益看得非常重要，却看不到整个公司的困境：他们每天单枪匹马、独领风骚，在工作中出尽风头，却从未想过共同进步、集体协作。这样的人受不了委屈，往往为了自己的一时之快而损害了团队的利益。正是这种狭隘的个人主义思想，加速了企业的衰落直至倒闭。

有一位厂长公开批评了手下的一个副厂长，第二天，这名副厂长突然向厂长提出辞职。厂长经过慎重考虑后，便郑重地在辞职书上签了字。可是这个副厂长后悔了，他闹到董事长办公室，说是在开玩笑，要收回辞职书。厂长坚持不同意收回，并向公司提出如下意见：这名副厂长工作十分优秀，可就是不能委曲求全，受了点儿小委屈就闹着要辞职，不能顾全大局。最后，这位副厂长被辞退了。

不要把自己的个人利益凌驾于集体利益之上，不要为了自己的利益去损害他人的利益。在这个既合作又竞争的时代，团队成员之间的竞争是合情合理的，不要因为一己之私，而给整个团队造成重大的损失。不论你处于团队中的什么位置，都要树立团队意识，为团队的发展尽职尽责。因为服从大局是团队协作精神的具体体现，具有这种精神的人最值得我们敬佩。

学会分享，不独占团队成果

团队就好像是棵果树，不仅在幼年的时候需要保护，在果实累累的时候也需要巩固和培育。而与他人分享成功，则是进一步团结他人的最好方式。

曾经看到这样一个小故事。

有一群猴子，发现高高的悬崖顶上有一串熟透了的果子。悬崖太陡峭了，仅仅靠一个猴子的力量是无法摘到果子的。于是猴子们团结起来，一个踩着一个的肩膀搭起了“梯子”。这样，最上面的猴子摘到了果子。

摘到果子的猴子忘记了，自己之所以能摘到果子，完全是大家团结合作的结果，它独自在悬崖上大嚼起来，丝毫不理会下面的猴子，下面的猴子生气了，撤去了“梯子”，最上面的猴子吃完了所有的果子，却怎么也找不到下来的路，最后饿死在悬崖上。

在大家合作的情况下，最上面的猴子摘到了果子，本来这是大家共同努力的结果，但是最上面的猴子起了私心，把大家共同努力得到的成果占为己有，独自享用满树的果子，把大家的努力忘得一干二净。这样做也许短期内得到了好处，但是从长远来看就会付出很大的代价。

其实，在工作中也是如此，很多企业在发展艰难的时候，员工们往往可以众志成城，团结一心，共渡难关，可是在取得了一定的成绩之后，原本团结的局面却往往会出现裂痕，这种可以同患难却不能共富贵的怪现象，几乎困扰着每一个企业，这究竟是什么原因造成的呢？很多人认为，这是因为企业员工素质差，嫉妒心重。其实不然，真正的原因就是大家不懂得分享，没有一种职业化的团队意识。

我们来看看下面这则故事，或许对此会有一些感悟。

有三只饥饿的老鼠相约一起去某地偷油喝，到了目的地后，它们发现油缸非常深，而油却在缸底。后来它们想到了一个好办法，通过测量，三只老鼠发现它们首尾相接的长度恰好比油缸边沿到油层的距离长出一些。于是它们决定排成一队，然后一只咬着另一只的尾巴，依次被吊下缸底去喝油。这样一来，大家都能喝到一点儿油。它们约定：大家必须有福同享，谁也不可以有私自独享的想法，前面下去的一定要给后面下去的留下一定的油。最后，为了确保公平，它们又通过一种简单而又公平的游戏决定了彼此之间的顺序。

三只老鼠开始了偷油行动。小老鼠很快就在同伴的帮助下沿着缸壁吊了下去，吊下去之后，小老鼠闻到了浓烈的油香味，它忍不住在里面贪婪地喝了起来，它一边喝一边想：就这么一点点油，如果大家一起分。那都只能喝一小点儿，倒不如我自己先喝个痛快！这样想着，小老鼠更加用力地喝着油。第二只老鼠一边看着小老鼠喝油一边想：油越来越少了，如果让前面的小老鼠喝光了，那我岂不是白忙一场？与其眼睁睁地看着它把油喝完，还不如我也下去痛痛快快地喝上一些，那种感觉真是妙不可言呢！带着这种想法，第二只老鼠很快就松开了第一只老鼠的尾巴，纵身一跃，一头扎进了油缸，开始大口大口地喝起油来。在第二只老鼠往下一跃的同时，吊在最上方的第三只老鼠也怀着同样的想法跳进了油缸。

就这样，三只老鼠全都跳进了油缸里，它们一心想着尽可能地多喝一些油，不要让同伴抢走到口的美食。其实，油缸里的油足够这三只老鼠喝个饱，等到三只老鼠个个喝得肚皮滚圆，心满意足地准备回家时，才发现它们无论如何也不能爬出油缸，结果被困死在油缸里。

团队是一个整体，缺少了哪部分都无法称之为团队，也许有的员工在团队的成果中没有做出直接的贡献，但是也不能把他遗忘，也许正是他的某一个环节才促使了整个工作的顺利完成。所以，当你是团队中的一员，就要学会分享劳动成果。个人的发展离不开团队的支持，团队的壮大也离不开个人的努力，只有相互依存，才能达到双赢的局面。

如果公司的销售额翻了三番，却只有销售人员得到奖励，那就很可能出现物流部说无法及时送货、财务部说无法及时开票的情况。所以，获得奖牌的足球队，每个人都会上台领奖，包括从未上场的替补队员。

迈克尔·乔丹在结束自己的篮球生涯时说："别人总是说，我站在篮球世界的顶端，每当听到这样的赞美，我都感到恐慌。因为我取得的所有成绩都是和队友们以及教练一起努力的结果，还有赞助商以及支持、鼓励我们的球迷们，荣誉属于我们每一个人，我只是很幸运地作为代表，一次次地领取奖杯。"是啊，如果在篮球场上没有众多队友的相互配合，乔丹的能力、技巧再强，恐怕在对方的进攻中也不能发挥作用，正是因为队友的配合，才使得乔丹一次又一次地取得胜利；如果没有广大球迷们的支持和喝彩，即使你做得再好，也只是自己和自己演的一场戏，毫无意义，正是因为有了球迷们，才使得乔丹和队友们获得如此的荣誉和成功。

在一个山村，有个农民不安于现状，对自己的玉米收成很不满意。他私下打听，买来优质的玉米种子播种下地，第二年果然大获丰收。他的邻居在惊羡之余，都请求他能卖些新种子给他们，可是，这个农民为保持自己的优势，断然拒绝了大家的请求。

不知为什么，从第三年开始，这个农民的玉米收成差了，到了第四年，更是明显地减少。最后，他找到了原因：原来自己的优质玉米，接受的却是邻人田中劣等玉米的花粉。

一个人无论什么时候，都不可能单枪匹马地获得成功，只有和别人组成集体并融入团队中，充分发挥自己的才能，取得最终的胜利。

自己是团队中的一员

雷锋说过："一滴水只有放进大海里才永远不会干涸，一个人只有当他把自己和集体事业融合在一起的时候才能最有力量。"一滴水要想使自己永远都不干涸，唯一的办法就是让自己融入浩瀚无边的大海之中。这就好像企业的一个员工，要想在自己的岗位上干出一番成绩，就必须融入公司的团队中去。

管理大师罗伯特·凯利曾说：企业的成功靠的是团队，而不是个人。

的确，在这个充满竞争的商业社会里，可以说没有任何一个人能够拥有他所需要的全部资源，并能独立地去完成所有的事情。只有依靠团队的力量、他人的智慧，才能使自己立于不败之地。

当今孤军奋战的时代已经结束了，只有团队的竞争力才能决定一个企业的未来。所以，只有整个公司的成员协作起来，才能顺利地完成最终的目标，同时在完成任务的过程中，每一位员工的才能和特长被发挥出来，自己的价值才能在团队中得以体现。

小王是国内一家知名大企业的员工。在上大学的时候，他是学校里的才子，专业精通，才华横溢。毕业的时候，他在学校的大力推荐下进入这家企业。但是，令人百思不得其解的是这个高才生在进入公司不到半年的时间就被解雇了。

究其原因，由于这家企业规模很大，内部可谓是人才济济，每一位员工都很优秀。公司每周都有一次例会，让大家在一起讨论公司的计划。在每次的例会上，小王总是夸夸其谈，把自己的想法和计划尽最大努力展现给领导，全然不顾自己只是一个刚从学校里出来，还没有多少社会和工作经验的大学毕业生。他觉得自己在学校里是公众人物，大家都崇拜他，在这里他也是一个人才，大家都不及他。

公司里一些经验丰富的老员工提出来的建议，都会被他反驳得一无是处，刚开始的时候，老板还特别欣赏这位年轻人的大胆和勇于表现自己的精神。但是在采纳了几条他提出的建议之后，发现他只是个好高骛远，空谈理论，自以为是，没有实际的工作能力，除了老板，把谁也不放在眼里的人。

由于在公司里他初来乍到，又如此张扬地表现自己，导致在同事中的口碑很差。同事们都承认他有一定的工作能力，但是他太把自己当回事，太不把别人放在眼里了，不能听取那些有经验的同事的意见，跟大家格格不入。于是，在一次次的创意被否定之后，上司不再欣赏和信任他，他的那些抱负最终都难以实现。

团队是合作的最高形式，团队合作早已成为一种艺术。实践证明：一个员工只有努力加强自己的团队意识，发挥合作的力量，才能激发出“与公司共命运”的团队荣辱感，才能更好地去完成自己的工作，去帮助别人、帮助企业赢得更大的胜利。因此，我们没有理由不把团队当成自己最重要的一条生命线。没有了团队这个平台，我们就会像断线的风筝，诚惶诚恐，飘浮不定。所以，我们要时刻记住自己是团队中的一员，只有通过团队才能实现自己的价值和目标。

融入团队的员工才是好员工

有这样一则寓言故事：

一只乌鸦在觅食时看见一只猫头鹰飞了过来。大白天见到猫头鹰真是一件怪事，于是乌鸦问道："猫头鹰老弟，你这么匆忙，要赶往哪里呀？"

猫头鹰说："我呀，正在搬家呢！我要搬到西边的树林去。"

乌鸦感到不理解："好好的搬什么家呀？"

猫头鹰回答说："你哪里知道我的苦衷啊！我喜欢在夜里唱歌，东边的动物都讨厌我。它们嫌我不睡觉，还说我的歌声难听，吵得它们不能安心睡觉。我不跟它们一般见识，所以就主动往西边树林里搬。"

乌鸦一听就明白了，于是对猫头鹰说："你就是搬到西边的树林还会被赶出来，说起来咱俩的遭遇还真有点儿相似。我以前也是爱唱歌，虽说不像你那样在夜里，但也同样得罪一帮人。后来我想明白了，这不怪别人，而全在我自己。就拿你来说吧，你本来可以白天工作，晚上睡觉，和其他动物一样。如果尝试后还不行，你还可以不在晚上唱歌。若是一时嗓子痒想一展歌喉，那就尽量唱一些轻柔好听的歌。如果这三个本质问题都能够改变的话，你就会受到欢迎，而根本用不着到处搬家。"

当你与同事格格不入，不能融入他们中时，不要急着从别人的身上找原因，要先从自己身上找原因。如果自己的性格、习惯、思想无法与同事找到相同点，就要积极地去改变自己，使自己能够很好地融入大家的生活中，与大家和谐地相处。

李峰在学校时是班上的优等生，参加工作后，常常恃才傲物，个性强硬。当时和他一起进入公司工作的还有张磊，张磊和李峰一样也非常优秀，然而到了公司之后，他看到身边的人都很踏实地工作，于是就开始收敛自己，连喜欢抽烟的毛病也改掉了，还主动热情地和同事们交往，很快就赢得了大家的喜欢。

到年终评选优秀员工时，由于业绩优秀和同事们的支持，张磊受到了表彰。李峰也非常努力地工作，业绩甚至比张磊还好，可是由于他与同事们的关系处得不是太好，上司不喜欢他，在评选时他一票也没得到。

李峰认为自己不受重视，感觉英雄无用武之地，因此便离开了这家公司，但他对自己后来所找的工作都不太满意，因此懊恼不已。其实，他失败的根本原因就在于没有很好地把自己融入团队里。

现代企业所组成的团队，都是因为大家有着共同的目标，有着共同的行为标准，进而创造出奇迹般的价值。在团队中，如果你自高自大，认为别人都不及你，指手画脚、目中无人，这样只能使别人渐渐地疏远你，不愿再与你合作，完全把你孤立起来，当你遇到困难和阻碍时就会变得束手无策。因此，在团队中要注意培养与同事之间的感情，与同事分享工作的成果，与每一位同事保持良好的人际关系，千万不要成为同事心中的“刺头”，那样的境地是很危险的。

有一位能力很强的员工，在一次与客户的谈判中表现突出，为公司创造了良好的效益，受到了总经理的高度赞扬。没想到，他从此便不和同事们交往、沟通了，一副自高自大、目中无人的样子，在公司里独来独往。这位员工的态度使得同事们渐渐疏远了他，谁都不愿意与他合作。于是，他成了被孤立的人，在许多事情上都陷入极其尴尬的境地。后来，由于他的判断失误给公司造成了巨大的损失，最后很不体面地自行辞职离开了公司。

这位员工的能力不可谓不强，但他在取得成绩后便骄傲起来，没有融入到团队中去，结果自讨苦吃。所以，优秀的员工在取得成绩、拥有荣誉时都会戒骄戒躁，只有这样，你才能与同事们相互支持、团结互助。在团队里，如果你被孤立起来，那将是件很危险的事。

如今，每一项工作的程序化都很强，所以，员工之间的相互配合已经成为一种必备的素质。对企业来说，只有善于协作的团队，才有旺盛的生命力，才能为公司创造巨大的效益；对个人而言，只有融入团队中，才能实现自己的人生价值。

团队合作创造奇迹

一个哲人曾说过这么一段话，大意是：你手上有一个苹果，我手上也有一个苹果，两个苹果交换后每人还是有一个苹果。如果你有一种能力，我也有一种能力，两种能力交换后就不再是一种能力了。

这段话的寓意适用到职场上，就是说：如果你在工作中善于合作，取人之长，补己之短，你的能力将会不断得到提高。那么，你也将会取得应有的业绩，脱颖而出，获得上司的赏识。

有人曾经做过这样一个实验：

把六只猴子分别关在三间空房子里，每间两只，房子里分别放进一定数量的食物，但放的位置高度不一样。

第一间房子的食物就放在地上，第二间房子的食物分别从低到高悬挂在不同高度的适当位置上，第三间房子的食物都悬挂在房顶上。

数日后，他们发现第一间房子的猴子一死一伤，伤的缺了耳朵断了腿，奄奄一息；第三间房子的猴子都死了；只有第二间房子的猴子活得好好的。

探索原因，第一间房子的两只猴子一进房间就看到了地上的食物，于是，为了争夺唾手可得的食物而大动干戈，结果伤的伤，死的死。

第三间房子的猴子虽做了努力，但因食物太高，难度过大它们够不着，被活活饿死了。

只有第二间房子的两只猴子先是各自凭着自己的本能蹦跳取食，最后，随着悬挂食物高度的增加，难度增大，两只猴子只有协作才能取得食物，于是，一只猴子托起另一只猴子跳起取食。这样，每天都能取得够吃的食物，很好地活了下来。

有句古话叫“三个臭皮匠，胜过诸葛亮”。然而，三个臭皮匠到底凭什么能够取胜足智多谋的诸葛亮呢？难道仅仅是由于臭皮匠的人数多吗？我想肯定不是，因为人多并不一定力量大。主要是因为他们的相互协作和共同努力，就像第二间房子里的两只猴子一样，只有团结合作才能创造奇迹。

20世纪六七十年代，日本创造了经济腾飞的奇迹，迅速成为世界经济强国。客观而言，日本国土狭小，物质也不丰富，然而，仅在短短的二三十年间就一跃成为世界第二大经济强国，着实让人觉得不可思议。以美国为首的西方国家对日本的经济奇迹进行了深入的研究和反思，结论是：日本企业竞争力强大的根源，不在于其员工个人能力的卓越，而在于其员工“团队合力”的强大，其中起关键作用的就是那种无处不在的团队精神。

一条小河只能泛起破碎的浪花，但是当它与千万条小河汇入大海后，就激起了惊涛骇浪。个人的力量和团队的力量就好比小河和大海一样，团队的合作往往能够激发不可思议的潜力。

有一个装扮得像魔术师的人来到一个村庄，他对迎面而来的村民说：“我有一颗非常神奇的汤石，只要将它放入烧开的水中，立即就会变出美味的汤来，我现在马上就煮给大家喝。”随后，有村民就拿了一个大锅，并提了一桶水，架上炉子和柴火，马上就在广场煮起水来。然后这个人很小心地把汤石放入滚烫的水中，他用汤匙尝了一口，很兴奋地说：“太可口了，假如再放入一点儿洋葱就更好了。”这时立刻有村民跑回家拿了一把洋葱放进水中。

这个人又尝了一口，高兴地说："太美味了，假如再加些肉片那就更香了。"于是又有村民快速地回家端了一盘肉来。"要是再有一些蔬菜就完美无缺了。"这个人又建议道。就这样在这个人的指挥下，有的村民拿盐，有的村民拿酱油，有的村民拿其他作料，最后当大家一人一碗地享用时，他们发现这果真是天底下最美味可口的汤。

其实，只要我们愿意团结协作，每个人都能煮出一锅如此美味的汤来。所以作为企业中的一分子，你应该努力在团队中找到自己的位置，把团队的成功看做发挥自己潜能的目标，把团队的荣誉当成自己的荣誉，与团队中的每一位成员默契合作，实现自己的价值。而不是做一个自以为是，与团队成员格格不入的人，那样只能一事无成。

在科技迅猛发展的时代，对团队合作的要求越来越高。一个人的能力终归有限，如果团队每个成员只顾发挥自己的干劲儿是远远不够的，还必须提高团队的合作意识。这样整个团队才能发挥出巨大的功效，才能创造出一个又一个奇迹。

PART 04 第四章

常怀一颗感恩之心

CHANG HUAI YI KE GAN EN ZHI XIN

也许你不是企业的老板，但是千万不要将自己置身之外，因为企业的发展与你的工作、生活密切相关。要报着一颗感恩之心来对待工作，而不要带着抱怨之心进行工作。感恩让你在工作中更能享受到乐趣，更能融入企业的团队中。

带着感恩的心去工作

感恩之心，是我们每个人都应该具备的最基本的素质，千万不要将现在拥有的一切都视为理所当然。作为企业的员工，对企业我们要心怀感恩，要带着感恩的心去工作。

记得有位哲人曾经说过：生命是没有意义的，除非有工作；所有的工作都是辛苦的，除非有知识；所有的知识是空虚的，除非有热情；所有的热情是盲目的，除非有颗感恩的心。我们应该为他人，也为自己，多一些感恩，多一些善意，多一些微笑。

当我们拿到薪水和爱人享受温情与浪漫的时候，应该想到感恩工作；当我们拿着薪水换来的礼物去孝敬父母的时候，应该想到感恩工作；当我们悠闲地带着孩子在公园游玩的时候，应该想到感恩工作；当我们和朋友开怀畅饮的时候，应该想到感恩工作。

只有这样，我们才能迸发出极大的工作热情，才能努力工作。因为感恩精神会激发你的积极心态，在感恩心态之下而凸显出来各种优秀品质，会驱动着你不断前进。所以，若想成为最优秀的员工，就要怀着感恩的心去工作。

人的生命大部分时间是在工作中度过的，不要为工作而工作，不要让工作成为非常乏味的事情，可以把工作当做一种快乐的来源。工作是上天赋予我们的使命，我们必须要用对待生命的态度来对待工作。可以说，懂得感恩是一名员工优秀品质的重要体现，学会感恩是一名员工做好工作的精神动力。

虽然每一份工作都不是尽善尽美的，但每一份工作中都有许多宝贵的经验和资源，如失败的沮丧、自我成长的喜悦、贴心的工作伙伴、值得感谢的客户等，这些都是工作中必须学习的感受和必须具备的财富。如果你能每天怀抱着一颗感恩的心去工作，在工作中始终牢记“拥有一份工作，就要懂得感恩”的道理，你一定会有许多收获。

一位成功的职业人士曾说：“是一种感恩的心情改变了我的人生。当我清楚地意识到我在学历以及待遇上比别人都低时，我没有权利抱怨什么。相反的，我对所有的一切都怀有感恩之情。我竭力要回报别人，竭力要让他们感到快乐。结果，我不仅工作得更加愉快，所获帮助也更多，工作也更出色。我很快获得了公司加薪升职的机会。”

所以，在职场中不管做任何事，都要把自己的心态放平，抱着感恩的态度，不要计较一时的利弊得失。不论做任何事都能心甘情愿、全力以赴，当机会来临时才能及时把握住。

当然，“带着感恩的心去工作”不是一句空洞的口号，而是心灵真情的迸发。用感恩的心对待现在的工作，就会对企业忠心耿耿，荣辱与共；对工作充满激情，兢兢业业；对同事多一份欣赏，少一份挑剔。

如果我们每天能带着一颗感恩的心去工作，就能享受到一种工作时的愉快积极的心情，烦恼就会离我们远远的。所以带着一种从容坦然、喜悦的感恩之心工作吧，这样你会获取意想不到的惊喜和成就。

用感恩的心对待工作，就不会为名所诱，为利所诱，任何时候都会以身作则，严于律己；用感恩的心对待工作，你就会在意这份工作，在意你的同事，在意你的朋友，在意你的家人，就会真心实意地把这份工作做好；用感恩的心对待工作，就能保持阳光的、健康的、积极的本质，就能微笑着迎接生命中的每一天，就能快乐地生活和工作。

感恩工作的机会

“知恩图报”是基本的为人之道，也是中华民族的优良传统。俗话说“滴水之恩，当涌泉相报”，当一个人身处困境时，哪怕是别人一点点的小忙，也会让人感受到雪中送炭的温暖。然而，很多身处职场中的人往往对自己受到的恩惠视而不见，不但不懂得感恩自己的工作，反而认为公司给自己的一切都是理所当然的，这种不懂得感恩工作的人是很难有大抱负的。只有那些将工作看成自己的礼物、将老板看成自己恩人的员工，才会兢兢业业地去做好自己的工作，才会在工作中有更好的发展，也才会抓住实现自己梦想的机会。

史蒂文斯原本是一名在软件公司干了八年的程序员，就在他工作得心应手的时候，他所在的公司却倒闭了。为了生计，他只有重新找一份工作。这时，微软公司正在招聘程序员，他们给的待遇很不错，史蒂文斯信心十足地前去应聘。凭着过硬的专业知识，史蒂文斯非常轻松地通过了笔试这一关，而对后两天的面试，史蒂文斯依然充满信心。然而，在面试时考官所提出的问题，却是关于软件未来发展方向的，这一点是史蒂文斯从来都没有考虑过的，因此，他惨遭淘汰了。

虽然史蒂文斯不幸名落孙山，但他仍然认为微软公司的经营者们对软件产业的理解令他大增见识。他感觉耳目一新，大受启发，于是给公司写了一封感谢信："贵公司不惜花费大量的人力与物力，为我提供了一次又一次的机会，虽然最终我还是落选了，但是通过应聘，使我增长了很多的见识，让我获益匪浅。感谢你们为之付出的劳动，谢谢！"

没想到，这封信后来竟然被送到了总裁比尔·盖茨的手中。三个月后，微软公司出现了职位空缺，史蒂文斯收到了录用通知书。十几年后，凭着出色的业绩，史蒂文斯成为微软公司的副总裁。

在微软公司，诸如此类对自己的工作深深感恩，并用加倍的努力来回报公司的员工可谓比比皆是，即便是微软最普通的清洁工也一样。

在微软总部的办公楼里有一位临时雇用的清洁女工，在整个办公楼的几百个雇员里面，她是唯一一名没有什么学历，工作量最大而拿薪水最少的一名员工。

然而她却是整栋办公楼里面最快乐的一个人！

这名工人在每一天甚至是每一分钟都在快乐地工作着，对身边的任何一个人都面带微笑。对任何人的要求，即便不是自己工作范围之内的要求，也都愉快并且努力地去帮忙。

热情是可以传递的，周围的同事们很快就被她的热情所感染，有很多人都和她成了好朋友，甚至包括那些公认的冷漠的人！没有人会在乎她的工作性质和工作地位，她的热情就像一团火焰一样，慢慢地，整个办公楼里的员工们在她的影响之下都快乐了起来。

比尔·盖茨感到非常惊讶，忍不住问她说："能否告诉我，究竟是什么能够让你如此开心地面对每一天呢？"

"因为我是在为世界上最伟大的企业工作啊！"这名女清洁工自豪地回答说，"我这个人没有什么知识，我非常感激公司能够给我提供这份工作，能够让我拥有不菲的收入，这份收入足够支持我的女儿读完大学。而我对这美好的现实唯一可以回报的，就是尽一切可能将工作做好，每当想到这些我就会感到非常开心。”

比尔·盖茨被这名女清洁工的感恩情怀深深打动了，他非常动情地说：“那么，你是否愿意成为我们当中的一名正式员工呢？我想你是微软最需要的人。”

“当然，那可是我最大的梦想啊！”女清洁工非常惊讶地说道。

从那以后，这名女清洁工开始用工作的闲暇时间来学习计算机知识，而公司里的任何一名员工都非常愿意帮助她。过了几个月之后，她果真成为微软的一名正式雇员了。

是工作让你有了稳定的收入，是工作让你建立了幸福和谐的家庭，是工作让你的衣食住行有了保障。总之，工作是你做其他一切事情的基础，所以，你没有理由不去感恩自己的工作。而感恩工作，你就要用真挚的情感，满怀激情、全力以赴地投入到工作当中，用出色的业绩和骄人的成就证明自己的价值，证明自己能够胜任这份工作。

人最大的不幸就是不知道自己和别人相比，有什么幸福可言。当自己拥有的时候不知道珍惜，失去之后却又追悔莫及，比如那些已经身在职场的人，常常对着别人有满腹的牢骚和抱怨，抱怨自己的公司管理不规范，制度不合理，薪水不够高，老板太苛刻……也有人随着时间的推移变得懒散怠慢，对自己的工作敷衍了事，“三天打鱼，两天晒网”，而一旦面临失业的危险或者被辞退之后，却又开始后悔自己当初的所作所为。要知道，每一个老板成立公司都是以赢利为目的，而不是供养闲人的。你的老板既然聘用你来公司工作，就等于给了你一次展示自己才华的机会，所以，你应该感谢公司为你提供了一个让你一显身手的平台。

有一位比较出名的教授，在他的门下有两名非常优秀的学生，对这两名学生而言，拜了这样一位名师，毕业后找份工作并不是什么难事。但当时正赶上教授有一个自己创办公司的朋友，他委托教授为他介绍一个合适的人选做助理。

教授便推荐两名学生都去那里看一看，于是，他们两人分别过去应聘。第一个应聘的学生名字叫吉姆，在面试结束几天之后，吉姆打电话给教授说："您的那位朋友实在是太苛刻了，他居然只给我一个月 600 美元的月薪，我可不想为他这样的人工作。现在我已经在另外一家公司上班了，我的月薪是 800 美元。"

随后过去面试的那名学生叫查理，与吉姆不同的是，当他知道月薪是 600 美元之后，欣然地接受了。教授得知这件事之后，问他说："工资这么低，你不觉得自己吃亏吗？"

查理回答说："我当然愿意赚更多的钱了，但我对您的朋友以及您朋友公司的印象都非常深刻。我认为只要能够从他的公司里学到一些本领，就算是薪水低一些也无所谓。从长远来看，我在那家公司工作会更有前途。"

很多年过去了，吉姆的薪水由当年的一年 9600 美元上升到 40000 美元，而原来年薪只有 7200 美元的查理，现在的年薪却高达 200 万美元，另外还有外加的公司股权和分红。

正是因为查理看到了公司未来的长远发展，不计较眼前利益的得失，感恩于自己的老板，感恩于自己的公司，兢兢业业地工作，才使他的事业蒸蒸日上，最终和吉姆之间形成了巨大的差距。

对于一个懂得感恩的职员而言，感恩于自己的公司就更要在公司最艰难的时候不抛弃、不放弃，与公司同甘共苦、荣辱与共。

有一家公司运营出现了状况。老板说："我非常遗憾公司出现了这样的事情，现在公司里的资金周转出现了困难，我给你们发两个月的薪水，在你们找到新的工作之前，这些钱应该还够用。我知道，公司里有些人打算辞职，假如是在平时我一定会挽留大家的。然而，在这个时候大家想要走，我会立马批准的，因为我已经没有挽留大家的理由了。"

"老板，您放心吧，我们是不会走的，我们怎么能在这个时候离开公司呢！只要我们大家齐心协力，一定可以渡过难关。"一个员工说。

"是的，我们都不会走的。"很多员工都争着这样说。

后来，这家公司并没有倒闭，反而比以前发展得更好了。

老板说："我最感谢的就是我的员工，因为他们的责任和忠诚给了我动力。在我即将放弃的时候，也是他们的责任和忠诚帮助公司战胜了困难，我为他们感到骄傲。"后来，这些留下来的员工都得到了提拔和加薪。

正是因为有了公司，才有了你现在的工作，才有了你奔赴梦想的平台。所以，你要学会感恩自己的公司，时刻为公司的利益着想，牢记公司的事就是自己的事，踏踏实实地努力工作，用实实在在的业绩来回报公司。

感恩之心给你积极心态

在职场中，我们讨论得最多、抱怨得最多的就是针对老板："昨天干到晚上12点，晚饭也没吃，还不给报销打车费！""老板太抠门了，什么都是省钱第一，真是头疼！""我更惨！办公室的空调坏了，这么热的天，老板都不管！"……我们对这类抱怨的语言都比较熟悉，其实换位思考一下，我们也就不难理解老板了。

老板也是人，有家庭琐事的拖累，有巨大的工作压力。为了维持公司的运营，老板对内要做好管理，让一切有条不紊；对外要做好协调，交际应酬，让一切都能顺利无阻。商场如战场，风云变幻，稍有不慎便会内外交困，将企业击垮。如果在工作中少一点儿抱怨，多一点儿感恩，路会走得更远，生活也将会更美好。

露露在一家电子产品公司做营业员。五六年的时间过去了，她仍然做着一名小小的营业员，连一个店长也没有当上。所以她经常向朋友抱怨，一会儿说老板没眼光，一会儿又说同事们都排挤她。

有一次，露露的朋友到她所在的店里看望她。露露放下手中的工作和朋友聊天，还拿着手机不停地玩游戏。顾客来了她就当没看见，问她的时候也是爱理不理的。一连来了五个顾客都是这样，到第六个顾客的时候，她还向顾客抛了一句："买不起就别看。"使顾客尴尬至极，愤愤地离开了。

后来，这位朋友又去店里，发现露露没在，在询问一位同事后，才知道露露已经被解雇了。这位朋友对此并没有感到吃惊，因为她上次看到露露的工作态度后，就感觉到露露被解雇是迟早的事。

一个人要想在事业上取得成功，首先要扮演好自己在工作中的角色。无论你目前所做的工作有多么的卑微，薪水少得多么可怜，你都要一步一个脚印地做好自己的本职工作。只有这样才能创造出惊人的成绩。

西方有句著名的谚语：与其诅咒黑暗，不如点亮蜡烛。抱怨并不能解决问题，只会把事情弄得更糟。只有实干才能让问题得以解决。苏联著名的军事家朱可夫元帅就是少说多做的典范，他曾经有句名言：“再解释鞋子也不会亮！”

1928 年，朱可夫担任骑兵第 39 团团长。在一次团队仪容检查中，朱可夫对一个连队的仪容很满意，只是觉得有个士兵的皮鞋不够亮。

于是他询问连长：“你觉得这个士兵的皮鞋怎么样？”连长没有回答，而是转身责备士兵为什么没有擦皮鞋。朱可夫打断他的话：“我问的是你，而不是他。我感兴趣的不是你所说的，而是你所做的。再解释鞋子也不会亮起来！重要的不是皮鞋没有擦，而是你没有注意这个问题。士兵可能是由于疏忽，而你应该注意这个问题，仔细检查把好关。”

朱可夫让副官拿来小凳和擦鞋工具，然后一丝不苟地帮那个士兵擦起鞋来，直到油光可鉴为止。从此以后不仅士兵们擦鞋更起劲儿了，整个军队的面貌都焕然一新。

人们常说，行动是无声的命令。朱可夫没有抱怨和批评皮鞋没有擦亮的士兵，而是亲自动手给士兵擦鞋，从小事入手锻造了士兵的严谨作风，从而打造出一支英勇善战的铁军。成功人士都有一项共同点：从来不会为了解释事情的结果而编造借口，也不会抱怨事情原本应该如何发展，只会积极行动。

“不要抱怨玫瑰有刺，要为荆棘中有玫瑰感恩。”假如你想抱怨，生活中所有的东西都会成为你抱怨的对象；假如你不想抱怨，你就不会抱怨生活中所有的东西。要明白，一味的抱怨毫无用处，有时候还会让事情变得更加糟糕。所以无论现实如何，我们都不应当抱怨，而要学会感恩。

著名投资专家约翰·坦普尔顿通过大量的观察研究，得出这样一条重要的结论：“取得突出成就的人与取得中等成就的人几乎做了同样多的工作，前者仅仅是多做了一份努力，却取得了与后者有天壤之别的成就。”做一名尽职尽责的员工固然是让人放心的员工，但是如果想成为一名优秀的员工，那就每天让自己多做一点儿事情，多进步一点儿。

在这个世界上，任何一项工作都不可能是完美的，也没有一项工作会令一个人绝对满意，我们无法做到从不抱怨，可我们能做到让自己少一点儿抱怨，多一点儿感恩。这样才会离成功更近一步，世界才会变得更美，生活才会变得更甜。

很多人在工作中抱怨自己时运不济，付出太多而得到的却很少，别人总是很容易成功，而自己总是与成功无缘。其实，成功与失败都掌握在自己的手中，就看你怎样去对待。让自己少一点儿抱怨，多一点儿感恩，踏实工作，成功就会向你招手。

感恩让你的工作蒸蒸日上

“如果你只能对一个人表示感恩，你会对谁说？”有位记者随机在身边的30位市民中做了一个小小的调查。结果发现，脱口而出回答“女友”或“男友”的比例不少，占40%，有8名受访者最想对客户说谢谢。有4名受访者的答案是“老师”，想把感恩之心献给父母的也有3人，相比之下，表示要把感恩之心献给职场上的上司、同事者比例较小，只占10%。

一些刚刚走上工作岗位的应届生恰恰没有对自己的“饭碗”心存感恩，相反，却有不少抱怨之词，一个毕业4个月就跳槽3次的女生这样说：“老板一个月才给我一千大洋，还不如我妈给的零花钱多呢。”另一位刚辞职的男孩这样发牢骚：“我觉得同事很排斥我，苦活儿都叫我做，奖金却没我的份儿。”还有一些人抱怨老板不近人情，经常安排加班；业绩要求太高，难以完成；工作环境不够理想，竞争太激烈，等等。巧合的是，抱怨多过感恩的人，在职场上的成就也不尽如人意。

其实，换一个角度来看问题，你就会有柳暗花明的感觉。清华大学程社明教授曾说：“精彩职场，赢得人生，就要把握机会，善待‘生命贵人’，这一切源于你拥有一颗感恩之心。”滴水之恩当以涌泉相报，这是精彩职场又一法则。

在职场中做任何事情，保持良好的心态最重要。要把自己的心态摆正，每天抱着一颗感恩的心去工作，多一些善意和微笑，把工作激情用自己特有的方式传递给别人，你就能分享职场成功的喜悦。

只要我们时常怀有感恩的心，便能从腐朽中发现神奇，从平凡中寻到精彩，从失败中汲取教训；只要我们用感恩的眼光去看待工作，就会发现公司给我们提供了启迪智慧的场所，以及历练能力和身心的机遇。

学会感恩，用平和态度去对待工作，用友善的目光看待同事；学会感恩，懂得宽容，用博大心胸去包容世界。感恩，让我们懂得奉献，用真诚的心回馈社会。蒙牛集团牛根生说："小胜凭智，大胜靠德。"感恩是一种美德，它让你的职场精彩、事业成功、快乐无限!

如果你总是怀着一颗感恩的心去享受工作，就会不觉得累，就不会有负担，反而会过得很愉快、很充实，你的职场人生也会跟着变得精彩起来。

珍惜展示我们才华的平台

许多员工认为自己是一个打工者，与公司只是一种雇佣与被雇佣的关系，甚至有意无意地将自己置于与老板或上司对立的地位，这实在是一种错误的认识。虽然工作与取得报酬有着直接的关系，但事实上并没有这么简单。

企业和员工是一个共生体。企业不但是员工之间互相交流、沟通和协作的平台，也是员工学习和展示才华的平台，只有从这个意义上认识企业，你的职业生涯才有意义，才能将工作视为乐趣，而不只是工作与薪水的交换过程。

美国商界名人约翰·洛克菲勒曾对工作下过这样的定义：“工作是一个施展自己才能的舞台。我们寒窗苦读得来的知识、我们的应变力、我们的决断力、我们的适应力以及我们的协调能力，都将在这样一个舞台上得到展示……”

所以，企业和员工之间是“一荣俱荣，一损俱损”的关系。员工靠企业生存，企业靠员工发展，企业与员工是一种相互依赖的关系，少了任何一方，另一方的存续都将成为一纸空文。只有确保企业这个平台的良好运转，才有员工生存和发展的机会。作为公司或企业的员工，努力维护和建设这个平台应是每个人义不容辞的责任和义务。

俗话说：“有多大的胸怀，就能干多大的事业。”只有搭台子才能唱大戏。

对员工而言，公司就是这样的台子。查利·贝尔从麦当劳的一名厕所清洁工做到总裁，就是很好的例子。

贝尔幼时家境非常贫寒，迫于生计，15岁的他到麦当劳求职。当时他找到麦当劳店的店长，请求给他一份工作。由于营养不良，贝尔看上去瘦骨嶙峋，脸上没什么血色，穿戴也是土里土气。店长看他这副模样，委婉地拒绝了他，说："店里暂时不需要人手，希望你到别的地方去看看。"

过了几天，贝尔又来了，他对店长诚恳地说："只要能工作，即使没有报酬也行。我看到厕所的卫生状态似乎不是太好，这样也许会影响您的生意。要不安排我扫厕所吧，只要给我解决吃住就行了。"店长被贝尔的真诚打动了，答应让他先试用三个月。

经过三个月的考查后，店长正式宣布录用贝尔，并且安排他接受正规的职业培训。接着，由于贝尔工作表现突出，店长又相继把他安排在店内各个岗位进行锻炼。之后，贝尔在19岁时被提升为麦当劳在澳大利亚最年轻的分店经理。后来，他又被派驻欧洲，此后那里的业务扶摇直上。

由于贝尔精明能干，他先后担任麦当劳澳大利亚公司的总经理，亚太、中东和非洲地区总裁，欧洲地区总裁及麦当劳芝加哥总部的负责人。直到后来他担任管理全球麦当劳事务的执行总经理。成功后的贝尔对麦当劳充满感激之情，在总裁坎塔卢波去世后，他临危受命，接管麦当劳当上了总裁，这年他43岁。接着，贝尔更是加紧工作，即使在他身患癌症后，仍然坚持着为企业工作了半年多。

可见，企业不仅为我们提供了较为优厚的待遇和物质生活保障，更为我们构建了展现自我价值的平台。正是因为有了麦当劳这个平台，15岁的贝尔从一名厕所清洁工起步，一路扶摇直上，直至成为麦当劳最年轻的首席执行官，管理这个世界上最大的餐饮公司。

所以我们对企业要心怀感恩，如果能每天怀抱一颗感恩的心去工作，在工作中始终牢记“拥有一份工作，就要懂得感恩”的道理，就会有很多收获。也只有这样，你的职业生涯才有意义，才能将工作视为乐趣而不是痛苦。

一个人若想生存，就得工作。如果一个人失去了工作，那他就会失去生存的基础。所以，为自己能够拥有工作而高兴吧，热爱自己的企业吧！只有这个平台越来越大，越来越好，才能为我们创造更多的机会，提供更大的发展空间。

感恩之心让你人气旺盛

企业里的员工成千上万，如何成为最受欢迎和最优秀的员工呢？其中很重要的一点就是感恩。因为对公司、对老板怀有感恩之心的人，不会找借口搪塞自己的工作，不会做表面文章欺骗老板。他们视公司的财富如珍宝，也时时想着维护公司的利益。试想，一个人能把公司的东西当成自己的一样去看待，老板会怎样看待他呢？

一位大集团的总裁说，经历了这么多年的风风雨雨，他发现，如果一个人有能力，那他会是一个可用的员工；如果一个人懂得感恩，那他会是一个优秀的员工；如果一个人既有能力又有感恩的心，那么，放手让他做什么都可以。

一家日本大学毕业生最向往的公司，每年都会招聘员工，筛选的最后一关是由社长亲自进行面试，题目只有一个："请问你有没有洗过妈妈的手脚？有何感想？"有个年轻小伙子的答案是"没有"，社长建议他回去洗妈妈的手脚，三天后再来面试。

小伙子回家就端了一盆热水洗妈妈的手脚，他与母亲的距离从没有这样近过，他的内心感到无比温暖，同时也才发现母亲的手脚相当粗糙，结满了老茧，他顿时百感交集，并向母亲忏悔，他觉得自己从未真正关心过母亲，母亲每天不辞劳苦，为家人不求回报地默默付出，使家人无后顾之忧。经过这次亲身体验，他对母亲对家人的爱、无私奉献有了深刻体会。三天后，他把自己的感受一五一十地向社长做了报告，结果这个小伙子被录用了。

这家公司认为，懂得感恩的人，为人处世是主动积极的、乐观进取的、敬业合群的，未来前途是不可限量的。“懂得感恩”，是这家公司招贤纳才的首要条件。

但在现实中，真正懂得感恩的员工并不多见。一个员工可以为陌路人的点滴帮助而心存感激，却无视朝夕相处的上司、同事的种种恩惠、帮助和支持，将一切视为理所当然，视为纯粹的商业交换行为。

其实，在雇佣和被雇佣的关系背后，也有感恩的成分。作为员工，公司和老板为你提供了就业机会，提供了锻炼自己成长成才、提升能力和素质的机会，难道这不值得你去感恩吗？懂得感恩的员工才能成为优秀的员工。

美国前总统罗斯福的故事就告诉我们应该如何保持一颗宽容感恩的心。

一次，罗斯福家被盗，被偷去了许多东西，一位朋友闻讯后，忙写信安慰他，劝他不必太在意。罗斯福给那个朋友写了一封回信：“亲爱的朋友，谢谢你来信安慰我，我现在很平安。感谢上帝：因为第一，贼偷去的是我的东西，而没有伤害我的生命；第二，贼只偷去我的部分东西，而不是全部；第三，最值得庆幸的是，做贼的是他，而不是我。”

对任何人来说，被盗绝对是不幸的事，而罗斯福却找出了三条感恩的理由。对盗贼都能感恩，对工作、对老板、对同事难道不应该更加感恩吗？如果一个员工连起码的感恩都不知道，又怎么能珍惜工作、热爱生活呢？

学会感恩，我们就会变得宽容；学会感恩，我们便能以一种更积极的心态去回报我们感恩的对象；学会感恩，我们会帮助那些需要帮助的人；学会感恩，我们会使心灵变得澄澈明净。更主要的是学会感恩，会让你成为最受欢迎、最优秀的员工，何乐而不为呢？

生活的经验告诉我们，如果我们为某个事情拿出一张冷脸面对世界，世界也不会给我们好脸色看；如果我们对自己拥有的一切心存感激，就能得到他人友善的回应。学会感恩吧！这样你才会备受欢迎，才会拥有一个成功的人生。

感恩对手让你愈砺愈强

当今社会，人和人之间的身体距离很近，但心的距离则遥不可及。然而，不管遇到什么事情，我们都应该以一颗感恩的心去面对，让我们在感恩中寻找幸福。

在短暂的一生中，我们要感恩的人很多。我们要以一颗感恩的心来面对生活，感谢你的父母，赐予你生命；感谢你的导师，给予你灵魂；感谢你的遭遇，给了你勇气；感谢你的幸福，给了你动力；感谢你的亲人，让你能感恩；感谢你的对手，让你坚强。

人，都有一种与生俱来的惰性——好逸恶劳。一个人要想取得成功，就必须克服这种惰性。要想走向成功的彼岸，不仅要靠自己，还要靠我们的对手。因为对手无时无刻不在威胁着我们，只要我们一不留神儿地放松自己，就可能被对手打败、超越。或许每个人都不希望有一个强大的对手，但是每个人却又不得不拥有一个强大的对手。生活中的对手可以是合作者，也可以是激励我们不断努力，使我们产生更强大动力的人，这就是我们为什么要感恩对手的理由。

挪威的渔民驾着渔船回港，人们纷纷挤向渔船买鱼。可惜鱼槽中的沙丁鱼都已经死了，只能削价处理。渔民们对此束手无策，可其中有一位名叫汉斯的渔民则不然，他船上的沙丁鱼都在活蹦乱跳。原来汉斯的鱼槽里有一条凶悍的鲇鱼到处乱窜，迫使沙丁鱼们紧张游动，不敢懈怠，如此才存活下来。

大自然的法则就是“物竞天择，适者生存”。没有天敌的动物往往最先灭绝，有天敌的动物则会逐步繁衍壮大。同理，在人类社会中，竞争无处不在，无时不有，优胜劣汰，适者生存。有了对手，才能使我们拥有更强大的动力，才能激励我们赢得更大的成功。

但是有许多人往往敌视对手，排斥对手，针尖对麦芒，简直是不共戴天！把对手视为心腹大患，是异己，是眼中钉，肉中刺，恨不得马上除之而后快。在仇视中消耗精力，浪费生命，带来病痛！其实反过来仔细一想，我们便会发现拥有一个强劲的对手，反倒是一种福分，一种造化。

拿破仑曾经这样说：“一匹马如果没有被另一匹马紧紧追赶并要超过它，就永远不会疾驰飞奔。”的确，别人跟得快，你才会跑得更快。其实，我们也正是在与对手的交往中逐步成长起来的。感谢对手，会使你的精神在孕育中成长，在成长中释放，在释放中得到升华。所以，我们要感谢他们，因为有了他们才有了我们自己的强大。

人生如棋，有对手才有竞争，有竞争才有压力，将压力转换为动力，我们才能迈向成功。所以对竞争对手心存感谢，其实是一种懂得自我认识、自我改正、自我提高的奋斗者心态，是乐观、向上的进取之心，也是能“笑到最后”的必经过程。

感恩同事让你如虎添翼

身在职场，除了要和老板、客户打交道之外，我们还要和同事打交道。很多人都认为同事之间就是相互攀比、相互竞争的关系，认为领导常讲的相互协作与相互关照不过都是表面文章，事实并非如此。你身在职场，就等于置身在一个集体中，而集体中的任何一个人都很重要。你要学会和他人和谐相处，团结互助，这样，你才能够快快乐乐地工作。

佛祖释迦牟尼曾经向自己的徒弟发问："一滴水怎样才能够不干涸？"

徒弟也不知该如何回答。

于是，佛祖接着说："把它放入大海中。"

这就是团结的力量，正所谓"一个巴掌拍不响，万人鼓掌声震天"，一个人就算是再有能力，他的力量毕竟也是有限的，只有把自己融入集体，才能使自己的力量得到最大程度的发挥。因此，在职场上，你要懂得感恩于你的同事，正是因为有了他们的精诚协作，你的工作才能够做得又快又好。

一家比较有影响力的公司招聘高层管理人员，九名优秀的应聘者经过了初试之后，从上百人中脱颖而出，闯入了由公司老总亲自把关的复试阶段。

老总看过这九个人的详细资料和初试成绩之后，相当满意。然而这一次的招聘只能录取三个人，所以，老总给大家出了最后一道题。

老总把这九个人随机分成了甲、乙、丙三组，指定甲组的三个人去调查本市的婴儿用品市场，乙组的三个人调查妇女用品市场，丙组的三个人调查老年人用品市场。老总解释说："为避免大家盲目地开展调查，我已经叫秘书准备了一份相关行业的资料，你们走的时候到秘书那里去取！"

到了规定的日期，九个人把自己的市场分析报告都送到了老总那里。老总看完了之后，站起身来，走向丙组的三个人，向他们祝贺道："恭喜三位，你们已经被本公司录取了！"老总看着大家疑惑的表情，不禁呵呵一笑，说："请大家打开我叫秘书给你们的资料，互相看一看。"

原来，每个人所得到的资料都不一样，甲组的三个人得到的分别是本市婴儿用品市场过去、现在和将来的分析，其他两组的也类似。老总说："丙组的三个人很聪明，互相借用了对方的资料，补全了自己的分析报告，而甲、乙两组的六个人却分别行事，抛开支队，自己做自己的。我出这样一个题目，其实最主要的目的，是想看看大家的团队合作意识。甲、乙两组失败的原因在于他们没有合作，忽视了队友的存在！要知道，团队合作精神是现代企业成功的保障！"

一个企业就是一个集体，你要永远记住，自己是企业的一分子，而不只是单独的一个人。因此，你必须具备团队精神，必须懂得和同事间相互合作，更要懂得感恩于自己的同事。只有这样，你们才会在事业上共同进步。

在一个炎热的中午，火辣辣的太阳炙烤着大地，有两位朋友艰难地在沙漠中行走。他们已经有两天两夜没有吃到一粒米、喝到一滴水了，然而他们仍然坚强地相互鼓励、相互搀扶着向前行走。就这样，一直坚持到了黄昏，他们躺了下来，准备在滚烫的沙子上休息一会儿再走。

就在这时候，似乎从遥远的天际传来了上帝的声音："前面的不远处，有一棵果树，在这棵果树上面结有一大一小两个果子。假如谁能够摘到那个较大的果子，谁就能够活着走出这片沙漠。”他们高兴起来，但都坚持让对方要那个较大的果子，他们争论了很久，但是谁也没能够将对方说服。到了最后，由于太累的缘故，他们两人竟然迷迷糊糊地睡着了。

到了第二天一大早，当其中的一个人醒来的时候，他惊异地发现，他身旁的朋友已经不辞而别。他赶紧奔到那棵果树下，发现树上只有一个又青又小的果子。顿时，他的心中产生了一种被欺骗、被愚弄的感觉，他开始怀疑朋友的忠实，痛恨朋友的背叛。然而，他最终还是摘下了那个小小的果子，并且怀着沉痛的心情继续一步一步地向前走。

然而，还没等他走出多远，就远远地看见先他而走的朋友蜷缩在地上，一动也不动。他赶紧跑过去，发现朋友已经昏迷多时。他非常恨他，但他还是抱起了朋友，就在这时候，他发现朋友手中的果子仍然在，却比他的果子小很多……

上帝看到了这一幕之后，便将他们两人全都带出了这片沙漠。

在职场中，虽然表面上你的同事似乎没有帮上你什么忙，但仔细想想，假如没有他们的积极配合与协作，你能做到将自己手头的工作如此顺利而又迅速地完成吗？工作中的任何一个环节都不容忽视，与你在一起工作的任何一位同事都很重要，所以，你要学会多关照一下你的同事。当他们在工作中遇到困难或者感到困惑时，尽你所能去帮助他们，总有一天，你会发现，关照同事其实就是在关照你自己，因为在帮助他们的同时，你也会受益匪浅。

在一次洪水肆虐的时候，许多人都聚集在堤坝上凝望着凶猛的波涛，突然有人看见了一个像人头一样的黑球顺着波浪漂了过来。就在大家正准备等它靠近些就上前营救时，却听见站在一旁的一位老者说：“那是蚁球。有一年发大水，我也见过一个蚁球，有篮球那么大。当洪水到来时，蚂蚁们迅速地抱成团，随波漂流。蚁球外层的蚂蚁，有一些会被波浪打落水中，但只要蚁球靠岸，或者能碰到一个大的漂流物，蚂蚁就得救了。”不久，蚁球靠岸了，蚁群像靠岸登陆艇上的战士一样，一层一层地打开，迅速而又井然有序地一排排冲上堤岸。

凭着集体的合作，借助同伴的力量，蚂蚁们成功地逃离了灾难。

就连动物界中的蚂蚁都知道团结合作、相互关照，更何况是我们这样有着丰富感情的人类呢？总之，每个人都有自己的长处，每个人的能力也都有一定的局限，因此，在职场中只有和同事之间相互关照，才能够在合作的基础上达到共赢的目的。

感恩客户让你事业顺利

一个公司因为有了顾客才得以正常运转和发展下去，一个老板因为有了顾客才能够赢利，一个职员因为有了顾客才有了薪水和提成，所以人们常说“顾客就是上帝”。如果没有顾客，其他的一切都无从谈起，因此，你要学会对顾客感恩，时刻为顾客着想，并用满腔的热情与灿烂的笑容去为每一位顾客服务。

有一天，一位中年妇女从对面的福特汽车商行里走出来，径直进入了吉拉德的汽车展销室。她对吉拉德说，自己非常希望买一辆白色的福特车，就像她妹妹开的那辆一样，然而，福特车行的经销商却让她一个小时之后再过去，所以她先过这边来瞧瞧。

“夫人，非常欢迎您前来看我的车！”吉拉德微笑着说道。这位夫人兴奋地告诉他：“事实上，今天是我55岁的生日，所以我打算买一辆白色的福特车作为自己的生日礼物。”

“哦，是吗？那么，祝您生日快乐！”吉拉德热情地祝贺她，然后转过身去轻声地对身边的助手交代了几句话。

紧接着，吉拉德领着这位夫人从一辆辆新车面前慢慢地走过去，一边走一边向她介绍不同款式车的性能和优势。当他们走到一辆白色的雪佛莱车前时，吉拉德开口道：“夫人，既然您对白色情有独钟，那不妨瞧瞧我们这辆双门式轿车，也是白色的。”就在这时，吉拉德的助手走了进来，把手里的一束玫瑰花交给了吉拉德。吉拉德便将这束玫瑰花送给夫人，并再次对她的生日表示了祝贺。

那位夫人不禁感动得热泪盈眶，她激动地说：“先生，真是太感谢您了，已经很久没有人给我送过礼物了。刚才那位福特车的经销商看到我开着一辆破旧的车过来，还以为我买不起新车，所以当我提出要看一看车时，他就找理由说需要出去收一笔钱，因此，我只好到您这里来等他。现在好好想一想，也不是非要买一辆福特车不可。”于是，这位夫人便爽快地在吉拉德这里买下了一辆白色的雪佛莱轿车。

对于一个生意人而言，任何一位顾客都是平等的，绝对不可以戴着有色眼镜看人，而一个顾客就算是再贫穷也不愿意被人歧视和看不起。

在工作中，只有满足了客户的要求，才有可能让客户对你的产品和你的服务满意，这样你才会在众多的商家中脱颖而出，客户们也才会选择你的产品。因此，你就能够赢利，并在众多商家中立于不败之地。

在日本索尼公司的销售部有一名非常普通的女接待员，她的工作职责就是为那些往来的客户订购飞机票和火车票。有一段时间，出于工作上的需要，她常常要为美国一家大型企业的总裁订购往返于东京和大阪的火车票。

渐渐地，那位美国企业的总裁发现了一个极其有趣的现象：他每一次去大阪时，座位总是紧邻右边的窗口，而返回东京时，又总是坐在靠左边窗口的位置上。这样，每一次在旅途中，他都能一抬头就可看到美丽的富士山。

“应该不可能每一次都有这么好的运气吧？”这位总裁对这个蹊跷的问题感到百思不得其解，随后他便饶有兴趣地前去询问这名女接待员。

“哦，这件事是这样的，当您乘车去大阪时，日本最著名的富士山在火车的右边。根据我的了解，外国人大都非常喜欢富士山的壮丽景色，而返回来时富士山却在您的左侧，因此，每次我都特意为您预订了可以一览富士山壮丽景色的位置。”

听完了这名女接待员的一番话之后，那位美国总裁的内心被深深地感动了，他由衷地说道：“谢谢，真的是太感谢你了，你真是一名非常出色的员工！”

这名女接待员笑着回答说：“谢谢您的夸奖，这完全是我职责范围之内的事情。在我们公司，其他的同事比我更尽职尽责呢！”

这名美国客人在感动之余，对索尼公司的领导层不无感慨地说道：“就这么一件小事，贵公司的职员都能够做到尽职尽责，毫无疑问，你们一定会对我们即将合作的庞大计划尽心尽力的。与你们这样的公司合作，我们没有什么不放心的。”

令这名女接待员没有想到的是，这位美国企业的总裁因为她对工作尽职尽责的态度，竟然将贸易额从原来的500万美元一下子提高到了2000万美元。索尼公司特地表扬了这名女接待员，并把她升任为接待主管。

多为顾客着想其实就是多为自己着想，当你的新老顾客都多了之后，你的经济收入自然也就增加了。因此，在职场中你要明白，顾客就是上帝，你要时常对顾客怀有一颗感恩的心。

PART 05 第五章

拥有最完美的品质

YONG YOU ZUI WAN MEI DE PIN ZHI

如果想成为一名优秀的员工，不仅要拥有职业素养，还要拥有完美的品质，只有这样，我们才能在职场成为一名一流的员工。

职业素养是成为一流员工的前提

素养虽然不是老板们考核员工的唯一标准，却是一项不容忽视的重要标准。一个具备良好素质的员工，会对公司付出超出报酬之外的贡献，而一个素质低下的员工对公司的贡献则要在自己能力的基础上大打折扣。

有一家公司打算再招聘几名员工，开出的条件非常优厚，自然吸引了不少年轻人前来应聘。应聘者们大多毕业于名牌大学，并且他们在学校里的表现也非常优秀。他们个个都显得对自己很有自信，然而面试的结果却出乎所有人的意料：竟然没有一个人被录取。

应聘者们指责这家公司根本就没有诚意招人，但公司老板直接否认了这种说法。他向应聘者们解释说："事实上，我们也感到非常遗憾。我们非常欣赏各位的才华，大家对问题的分析也可以说是很透彻，我们对这方面感到非常满意。然而，遗憾的是，还有另外一道题你们都没有答对。"大家对此感到莫名其妙，都好奇地问还有一道什么样的问题。老板说："你们看到了躺在门边的那把扫帚了吗？有人从上面跨了过去，有人甚至往旁边踢了一脚，但就是没有一个人把它扶起来。""对责任心的理解远远不如做一件能够体现责任心的小事，后者更能体现出你的责任心。"老板最后说。

一把不起眼的扫帚就能够决定一个人是否被录用，这家公司所要考核的就是员工的基本素质。中国有句古话说："一屋不扫，何以扫天下？"同样的道理，连躺在自己脚下的扫帚都不肯拾起来的人，公司还能指望他做成什么大事呢？拥有才华只能代表一个人具备一定的能力，但他是否会将这种能力在工作中发挥出来或者发挥到极致，还要看他是否具备良好的素质。如果一个人不具备良好的素质，那么他就算再有才华，也不可能为公司做出突出的贡献；一个素质良好的人，即便是能力一般，也会尽其所能给公司带来最大的贡献。

在一次比较激烈的商业谈判中，双方的交锋显得格外尖锐。A公司的谈判人员若是想要按照公司事先已经商定好的计划来谈的话恐怕就会出现一些问题，然而他们又必须取得成功，原因是这一次商业交易的利润相当可观。而B公司也早已划定了自己的底线，只不过他们不能轻易地亮出底牌，因此谈判一直都在僵持之中。

A公司一直都没能够摸清B公司的谈判底线，在经过了几天的周旋之后，还是没有一点儿进展。于是，A公司的谈判助理说："实在不行的话，我们就收买他们的谈判人员，等到谈判成功之后，再给他们一些回扣，这对我们来说就是舍小保大，从长远利益来看，这样做还是值得的。"

A公司的谈判助理在制订好计划之后就开始运作。但是，事情却出乎他的意料，他给B公司谈判人员的回报并不算低，却没想到遭到了他们的坚决拒绝。

A公司的谈判助理把这个消息告诉给A公司的谈判主席时，谈判主席却笑了，还点了点头。

在第二天谈判刚开始的时候，A公司的谈判主席说："我们同意贵公司所提出来的价钱，就按照你们所说的价钱成交吧。"这个结果是让A、B两家公司的谈判人员都没有预料到的。

A公司的谈判主席接着说："我的助理所做的事情我是知道的，我当时并没有表示反对，只不过是想要证明一件事情。最终的结果证实了我的猜想是对的，贵公司的谈判人员不仅谈判技巧高明，而且相互协作得也非常好。最关键的一点就是，你们对自己的公司表现得非常忠诚，这一点令我非常佩服。对于一家企业而言，员工的忠诚才是最大的财富，和你们合作，我们可以放心。虽然从价钱上来看，我们是显得亏了一些，但我认为我们会赚得更多。"

一个人的修养和素质决定着他能否在公司里老老实实地努力工作下去，也决定着他将为公司带来损失还是带来利润。对于一个企业来说，一个人品良好的员工，就算是能力一般，也比那些懒散怠惰、朝三暮四的员工更具价值。换句话说，作为一个员工，只有人品好，能在自己的岗位上勤勤恳恳地工作，并加倍努力地提高自己的本领和技能，积极进取，才能最终取得事业上的成功。

职业素养是你无形的力量

每个人都喜欢懂礼貌有德行的人，每个人也都愿意与这样的人共事。因此，一个人如果拥有一流的品行，便可以让自己处处受益。

假如有一个让你极度仇恨的人，做了让你气愤不已的事情，你可以把他从你的朋友名单里拉入黑名单，但是你千万不要试图以牙还牙去报复他，因为这样做只会为你带来更大的伤害。要知道，一个心怀仇恨的人就等于是把自己置身于烈火之上，当你报复了对手的时候，自己也会被这仇恨的烈焰灼伤。中国人常讲“以德报怨”，即用自己高尚的品行去感化别人，因为这是化解仇恨最根本的方法。

有一位年轻人，名字叫吉姆，因为手头没有钱花了，他急于要找到一份工作。想来想去，他决定找一家进出口公司的文书工作，因为他比较有语言天赋，会说好几种语言。

然而，令他感到失望的是，几乎每一家公司给他的回复都是一样的。由于战争的缘故，这些公司还没有继续招聘员工的想法，不过他们会将他的求职资料存底。其中只有一封与众不同的信，上面这样说道：“你根本就不了解我们的公司，看来你是一个又笨又愚钝的人，我并不需要文书，就算是需要的话，我又怎能要一个像你这样的文书呢？你连瑞典文都学得这么糟糕，你在这封信中简直就是错误连篇。”

当时，吉姆看到这封回信时，气得直跳脚。他把信揉成一团，狠狠地扔进垃圾筐里。真是岂有此理，自己学了那么长时间的瑞典文，那个人居然毫不留情地讽刺他不懂瑞典文！看看那个人的回信吧，满纸都是不雅的语言和文法的错误！吉姆气得在屋子里走来走去。突然，他停下脚步来，决定要写一封回信，让对方看到后足以火冒三丈，不然实在无法平息自己心中的愤怒。正当他要动笔写信的时候，却又突然停下来，他似乎冷静了一些：等一下，我这样做对自己有什么好处呢？让他气愤不已，对我自己又有什么益处呢？我怎么知道他说的话一定是错误的呢？他是一个瑞典人，而我只是学过瑞典文，那是他的第一语言而不是我的第一语言啊，也许我犯了连自己都不知道的文法错误呢！假如真的是这样的话，那我倒是应该加强对瑞典文的学习。虽然这个人的本意并不是这样的，但他也很可能帮了我一个忙，他在信里的语言缺乏修养，但我不能跟他一般见识，总之，这也算是一种收获吧。

于是，吉姆开始动笔写回信了，但内容里却没有一点儿怨愤与仇恨的意味，他这样写道："虽然你那么忙，而且你原本并没有想要一个文书的打算，但你却仍然从百忙之中抽出时间来不厌其烦地给我写了一封回信，我为此感动不已。对贵公司没能有一个正确的了解，我感到非常抱歉。我之所以写那封信，是因为我听说您是这一行了不起的人物。我真的不知道我的那封信居然还犯了文法上的错误，为此，我很惭愧也很抱歉，我会再接再厉学好瑞典文的。我非常感谢您指出了我的不足之处。"

这封信寄出去后，没过多长时间，吉姆就收到了对方的回信。在信中，那个人居然诚恳地邀请吉姆去他的办公室面谈。吉姆按照预定的时间准时赴约，并获得了一份工作。

如果当时吉姆没有控制住自己的情绪，任凭仇恨的烈焰熊熊燃烧，那他就不可能找到这份工作，更不可能认识到自己的缺点和不足。也许，得罪了那个在这一行大有声望的人之后，吉姆也就永远都不能指望着继续在这一行混下去了。

愤怒与仇恨就像物理学中力的相互作用一样，达到一定的程度后，既会伤害别人也会伤害到自己，使自己很容易变得容颜衰老，脸生皱纹。这样的人，再好的整形医生对他们的容貌也会束手无策。

所以，你千万不要怀着仇恨去对待自己的事业、对待自己的工作，要以良好的心态谨慎对待工作中的每一个环节。因为良好的品行无形中可以在事业上助你一臂之力，而令人切齿的卑下言行则很可能会让你在别人心中的印象一落千丈。

全心全意做好每件事

狼在捕猎的过程中，有一种代代相传的本能，那就是对一个目标“咬定青山不放松”。狼不会在面对许多猎物时，让自己的精力分散。如果狼三心二意，想把每只猎物都尽括囊中，就会很轻易耗尽自己的体力，最终一无所得。对猎物的专注，其实是狼的一种智慧。专注能产生一种爆发力，专注更能提高命中率。另外，专注还可以让狼更容易修正和提高自己的狩猎技巧。有时候，人类在面对许多诱惑的时候，总是不能做到像狼一样心无旁骛，而这正是成功的大忌。

在非洲的马拉河，河谷两岸青草嫩肥，草丛中一群羚羊正在那儿美美地吃草。一只狼隐藏在远处，竖起耳朵四面旋转。它觉察到了羚羊群的存在，然后悄悄地、脚步极轻地、慢慢地接近羊群。越来越近了，突然，羚羊有所察觉，开始四散逃跑。狼像百米运动员那样瞬时爆发，像箭一般冲向羚羊群。它的眼睛盯着一只未成年的羚羊，一直向它追去。羚羊是跑得飞快，而狼更快。在追与逃的过程中，狼超过了一头又一头站在旁边观望的羚羊，但它没有掉头改追这些更近的猎物，而是一个劲儿地朝着那头未成年的羚羊疯狂地追。那只羚羊已经跑累了，狼也累了，在累与累的较量中比的是最后的速度和耐力。终于，狼的前爪搭上了羚羊的屁股，羚羊被绊倒了，狼牙朝着羚羊的脖颈咬了下去，它捕获了今天的食物。

可以说，一切肉食动物都知道在出击之前要隐藏自己，而在选择追击目标时，总是选择那些未成年的，或老弱的，或落了单的猎物。在追击过程中，狼为什么不改追其他离自己更近的羚羊呢？因为它已很累了，而其他的羚羊一旦起跑，也有百米冲刺的爆发力，一瞬间就会把已经跑了百米的狼甩在后边，拉开距离。如果丢下那只跑累了的羚羊，改追一头不累的羚羊，以自己之累去追不累，最后一定是一只也追不着。

动物世界的这种普遍现象，也许是一种代代相传的本能，但它能启发人类仿效，在职场工作中，我们也要借鉴这种智慧。

一家美国大公司在招聘员工时，通常很注重考察应聘者专心致志的工作作风。通常在最后一关时，都由总裁亲自考核。

现任经理要职的哈里斯在回忆当时的应聘情景时说："那是我一生中最重要的一个转折点，一个人如果没有专注工作的精神，那他就无法抓住成功的机会。"

那天面试时，公司总裁找出一篇文章对哈里斯说："请你把这篇文章一字不漏地读一遍，最好能一刻不停地读完。"说完，总裁就走出了办公室。

哈里斯想：不就是读一遍文章吗？这太简单了。他深吸一口气，开始认真地读起来。过了一会儿，一位漂亮的金发女郎款款而来。"先生，休息一会儿吧，请用茶。"她把茶杯放在桌上，冲着哈里斯微笑着。

哈里斯好像没有听见也没有看见似的，还在不停地读。

又过了一会儿，一只可爱的小猫伏在了他的脚边，用舌头舔他的脚踝，但他只是本能地移动了一下他的脚，丝毫没有影响他的阅读，他似乎也不知道有只小猫在他脚下。

那位漂亮的金发女郎又飘然而至，要他帮忙抱起小猫。哈里斯还在大声地读，根本没有理会金发女郎的话。终于读完了，哈里斯松了一口气。这时总裁走进来问：“你注意到那位美丽的小姐和她的小猫了吗？”

“没有，先生。”

总裁又说道：“那位小姐可是我的秘书，她请求了你几次，你都没有理她。”

哈里斯很认真地说：“你要我一刻不停地读完那篇文章，我只想如何集中精力去读好它，这是考试，关系到我的前途，我不能不专注一些，更专注一些。别的什么事我就不太清楚了。”

总裁听了，满意地点了点头，笑道：“小伙子，你表现不错，你被录取了！在你之前，已经有50人参加考试，可没有一个人及格。”他接着说：“在纽约，像你这样有专业技能的人很多，但像你这样专注工作的人太少了！你会很有前途的。”

果然，哈里斯进入公司后，靠着自己的业务能力和对工作的专注与热情，很快就被总裁提拔为经理。

专注力是狼身上的一大特质，也是一个员工纵横职场的良好素质。一个人如果不能专注于自己的工作，是很难把工作做好的。在当今时代，没有哪家企业、哪个老板会喜欢做事三心二意、三天打鱼两天晒网的员工。从这种意义上说，工作专心致志的人，就是能把握成功机遇的人，只有一心一意做事的人，才能受到老板的器重与提拔，成为最受企业欢迎的人。

感激生命中的每一个人

非洲有一种山羊，懂得尊敬“长者”。年轻的山羊绝不会盛气凌人，欺负年长的山羊，而是处处表现出对长者的尊敬。只要有一头年老的山羊在场，其他的山羊都不会躺在地上。如果偶尔有个不懂礼貌的小山羊躺倒在地，那么，周围的山羊就会督促它赶快站起来。有的小山羊对长者十分尊敬，它还会亲昵地走上前去，为老山羊舔毛。

山羊反哺是众所周知的事实。当老山羊已经老迈迟缓的时候，小山羊绝不会丢下自己的父母不管，而是主动承担起照顾老山羊的责任。尤其在百草枯萎、食物难觅的时候，小山羊绝不会独享自己费尽辛苦找来的食物，而是先拿去让老山羊吃。

小山羊反哺的精神值得我们深思。作为职场人士，如果你很幸运地遇到一位肯让你接受历练、增长职场经验的好老板，一定要珍惜这来之不易的机会，更要心存感激。因为社会不像学校，更不是家庭，没有人有职责、有义务教你如何如何，助你一臂之力。因此，要好好工作以报答你的老板。如果你没有上面说得那么好的运气，遇到那么好的上司，无法得到好的机会和待遇，你也要好好珍惜工作，因为工作本身就是一个增长才干、获得历练的过程，要想办法从工作中学到真功夫。

我们从工作中所获得的一切、所享受到的一切，不是平白无故得来的，而是许多人创造和奉献的，这其中也包括你的老板，还有你可敬的同事们。在老板创造的这个运营机构中，有管理部门、生产部门、销售部门，或者进货及出货部门。试想一下，不论身处哪个部门，若没有其他部门同事的工作、本部门同事的配合，你可能实现自己的劳动价值吗？要知道，老板、同事、合作伙伴、客户，他们对你都是有恩的。

感恩是一种积极的心态，同时也是一种随时准备回报的精神体现，它更是一种力量。当你以一种知恩图报的心情去工作时，你会工作得更愉快，也会更有效率！

感恩不是虚假的奉承，而是发自内心的真诚的感激。虚假的奉承只会让别人感到厌烦，真诚的感激却能为别人和自己带来快乐！

布雷斯特被公司总部安排前往日本工作，与美国轻松、自由的工作氛围相比，日本的工作环境显得更紧张、严肃，这让布雷斯特很不适应。

“这边简直糟透了，我就像一条放在死海里的鱼，连呼吸都困难！”布雷斯特向主管抱怨。

主管是一位在日本工作多年的美国人，他完全能理解布雷斯特的感受。

“我教你一个简单的方法，每天至少说40遍‘我很感激’或‘很谢谢你’。记住，要面带微笑，发自内心。”

布雷斯特抱着试试看的态度，一开始还觉得很别扭，要知道“刻意地发自内心”可不是件容易的事情。

可是几天下来，布雷斯特觉得周围的同事似乎友善了许多，而且在说“谢谢你”的时候也越来越自然。逐渐地，感激的心情已经像种子一样在他心里悄悄发芽。

自然而然，布雷斯特发现，周围的事情并不像自己原来想象的那么糟糕。

到最后，布雷斯特发现在日本工作简直是一件让人愉快的事情！

是感恩的态度改变了这一切！

“谢谢你！”“我很感激！”当你微笑而真诚地把这些话说出去之后，在你自己和别人的心里就已经埋下了快乐的种子。而快乐是比任何物质奖励更宝贵的一种礼物！

知恩图报是一种品性，也是一种内在的心态。对于山羊来说，反哺父母是它们的生存本能，具有讽刺意义的是，这种感恩心态的养成，对于万物之灵的人来说，却需要一个过程。要学会感恩，首先要心胸宽广，不能简单地计较个人利益的得失；其次要虚心学习，要看到自己的不足和别人的长处，不能骄傲自大；最后，要怀着感恩的心态去帮助他人，而且不一定只回报那些帮助过你的人，对于所有需要帮助，肯向你学习的同事，同样都要敞开你宽广的心胸。

感恩并不仅仅有利于公司和老板，对于个人来说，感恩更能丰富你的人生。它是一种深刻的感受，能够增强个人的魅力，开启神奇的力量之门，发掘出无穷的潜能。

当你满怀感激、忠心地为公司、为老板工作时，老板一定会为你设计出更辉煌的前景。

任劳任怨相信努力终会成功

“一勤天下无难事。”人们在年轻时，就培养出勤勉努力的习性，在工作中永远不减勤勉且更加努力，那么，这种无形的财产和力量将会成为你终生受用的法宝。

蚂蚁占据着地球上1%的生物量和1/3的动物量，所有蚂蚁的重量与所有人的重量大致相等。蚂蚁还是举世公认的“大力士”，它能举起300倍于自己体重的物体。

长久以来，勤劳而又守纪律的蚂蚁一直是意识上和教育上的一个榜样，也是各种寓言故事创作的源泉。它们给人以勤劳、互相依赖、利他、谦卑、俭朴、耐心等种种教诲。它们被用在我们整个社会道德领域中指导我们。佛教把蚂蚁奉为不畏艰辛、坚韧不拔的榜样；在犹太教法典中，蚂蚁是真诚的化身；在高卢克尔特人的传说中，蚂蚁又是个执着而不知疲倦的仆人，辛勤劳苦，又无怨无悔。

职场中有很多人渴望赢得成功，但又不愿意去努力工作，这些人都希望工作轻轻松松、一帆风顺，可是天下哪有这么便宜的事？在当今竞争十分激烈的时代，勤奋不是越来越不重要，而且恰恰相反，要想在职场中获得成功，必须保持勤奋的工作态度，要像蚂蚁一样兢兢业业地工作，你才会因此拥有美好而充实的生活。

人生中任何一种成功的获取，都始之于勤并且成之于勤。勤奋是成功的根本，既是基础，也是秘诀。没有勤奋，任何一项成功都不可能唾手可得。

一位成功人士曾经说过："我不知道有谁能够不经过勤奋工作而获得成功。"寓言中守株待兔的人，曾经不费吹灰之力就得到一只兔子，但此后他就再也没有得到半只兔子。所以，不要指望不劳而获的成功，只有经过勤奋得到的成功才能持久。

日本松下电器公司的老板松下幸之助，在他当学徒的7年中，在老板的教导之下，勤勉从师学艺，不知不觉地养成了勤勉的习性。正是因为这一习性，他人视之为辛苦困难的工作，松下却视之为快乐。在他的一生中，始终一贯地勤勉努力，他自己也把这一习性称之为终生不会脱离的财富。

勤奋刻苦是一所高贵的学校，所有想有所成就的人都必须进入其中，在那里可以学到有用的知识，培养独立的精神和坚韧不拔的习惯。其实，勤劳本身就是财富，如果你是一个勤劳、肯干、刻苦的员工，就能像蜜蜂一样，采的花越多，酿的蜜也越多，自然你享受到的甜美也越多。

为公司分忧，勇于承担责任

每个人的身上都有着不可推卸的责任，但并不是说当你做完了你需要做的事，就算是完成了自己的任务。尤其是在工作中，你要清楚在责任面前你没有任何借口，更不能只做个“局外人”，只要是工作中的事，你就有分担的义务。

杰瑞在大学毕业之后，非常顺利地进入了一家房地产公司工作，但是由于他缺乏工作经验，只能在办公室里为别人打印文件，做一名打字员。打字室与老板的办公室仅隔着一面大玻璃，然而杰瑞总是认认真真地埋头做着自己的工作，很少向那边张望。没想到，过了一年之后，公司由于缺乏资金，在经营上屡屡亮出红灯。面对公司所出现的窘况，很多人都认为公司要想获得好转是不可能的了，因此，很多员工纷纷选择了跳槽。

杰瑞认为，作为公司的一名员工，尽自己的最大努力帮助公司解决困难、摆脱困境是自己应负的责任。因此，当总经理办公室的工作人员只剩下他一个人的时候，杰瑞的这种责任感就更加强烈了，而老板心急如焚，显得异常苦闷。

一天，杰瑞走进老板的办公室，他直接问老板道：“您认为咱们公司已经注定要垮掉了吗？”

老板听了他的这句话，不禁一愣，说道：“没有！”

杰瑞用坚定的语气说道："既然没有，那么您就不应该这样消沉下去。现在的情况的确比较糟糕，然而很多公司也都面临着同样的问题。虽然公司的200万美元砸在了工程上，变成了一笔死钱，但我们不是还有一个公寓项目吗？只要我们能够努力将这个项目做好，仍然可以让公司重整旗鼓，卷土重来。"说完这句话之后，他拿出了自己所做的关于那个项目的策划文案。老板更加感到惊讶，他当即决定由杰瑞来担任那个项目的负责人。

杰瑞暗下决心一定要做好那个项目，就是在这种强烈的责任感的驱使下，杰瑞做出了令老板和同事们都另眼相看的业绩。过了两个月之后，那几栋位置并不算好的公寓也都被全部售出，总价值高达3800万美元，这个项目的成功使公司的资金得以灵活周转，公司渐渐有了起色。

老板对杰瑞非常感激，因为他在公司最为艰难的时候，挽救了公司。杰瑞因此而被晋升为公司的副总经理。当公司改成了股份制以后，老板成了公司的董事长，而他被聘为公司的总经理。

在公司最艰难的时候安慰并激励老板，为公司出谋划策，并亲自出马前去做项目。这本来都不属于杰瑞工作中的分内事，但他并没有冷眼旁观、视而不见，而是在关键时刻挺身而出，救公司于水深火热之中，最终使公司走出困境，扭亏为盈。这种在责任面前不做"局外人"的做法，让杰瑞的才华得以在老板面前充分展现，使老板发现了一匹千里马。

有一位伟人曾经说过："人生所有的履历都必须排在勇于负责的精神之后。"只有拥有责任心，才能够让人精力旺盛、全力以赴地投入到工作之中，将"分内"与"分外"的事都做得无可挑剔。

责任心也是一名员工所应该具备的最基本的职业素养，一个拥有好人品的员工必定拥有责任心。作为公司里的一名员工，你必须清楚，在责任面前没有“局外事”，更不能眼睁睁地看着公司里的事情得不到解决而心安理得地做个“局外人”。适当地做一些“分外之事”并不是“越界”，而是对公司、对老板的一种责任、一种态度，更是对自己的一种安慰，是工作的一种智慧。

做100%的优秀员工

100件事情，如果99件事情做好了，一件事情未做好，而这一件事就有可能对某一公司、单位及个人产生100%的影响。在数学上，“100－1”等于99，而在企业经营上，“100－1”却等于0。

水温升到99℃，还不是开水，其价值有限；若再添一把火，在99℃的基础上再升高1℃，就会使水沸腾，并产生大量水蒸气来带动机器，从而获得巨大的经济效益。

一百次决策，有一次失败了，可能让企业关门；一百件产品，有一件不合格，可能失去整个市场；一百个员工，有一个背叛公司，可能让公司蒙受无法估量的损失；一百次经济预测，有一次失误，可能让企业破产……

巴林银行是伦敦一家著名的金融企业。它成立于1763年，在其200多年的历史中，有一批又一批的业务员为它效力，经营过无数笔业务。然而，因为一个小职员在新加坡疯狂投机，给公司带来8.6亿英镑的损失，直接导致了巴林集团的历史宣告结束。这就是“100－1＝0”的真实写照。

一位企业经营者说过，“如今的消费者是拿着‘显微镜’来审视每一件产品和提供产品的企业。在残酷的市场竞争中，能够获得较宽松生存空间的企业，不是‘合格’的企业，也不是‘优秀’的企业，而是‘非常优秀’的企业。”

“自己要求自己的标准，必须远远高于市场对你的要求标准，你才可能被市场认可。”

同理，作为一名员工，只有以高标准严格地要求自己，才能赢得老板的信任和器重，获得机会和提升。

如果我们留心自己的生活，就会发现轻率和疏忽所造成的祸患是不相上下的。许多人之所以失败，就是败在做事不够尽责、轻率马虎这一点上。无数人因为养成了糊弄工作、敷衍了事的工作态度，而导致自己的一生不能出人头地。

很多人工作没有做到位，甚至相当一部分人做到了99%，就差1%，但就是这点儿细微的差别使他们在事业上很难取得突破和成功。

一位管理专家曾一针见血地指出，“从手中溜走1%的不合格，到用户手中就是100%的不合格。”为此，我们要赢得成功，就应当自觉摒弃糊弄工作的错误态度，为自己的工作树立严格的标准。要自觉地由被动管理到主动工作，让规章制度成为每个员工的自觉行为，把事故苗头消灭在萌芽之中。

鲍勃是一家外资企业的副总经理。他是一个非常热爱工作的人，他说他只有在工作中才能找到乐趣。因为对工作认真，他每天都有成堆的事情要做，这个要思考，那个要琢磨。他有一句口头禅：由我负责的事就必须做好，不准出差错。

他的朋友吉米劝他，有些事完全可以分派给下属去做，不必事事亲力亲为。鲍勃也想这么做，让自己放松放松，但是一到工作时就忘了。他说如果完全把事情交给下属去做，他总是担心下属不能按照自己的想法完成，最后把事情办砸了，或者结果达不到他想要的程度。所以，即使是事情交给别人去做了，鲍勃仍要不停地督促。

在鲍勃看来，标准是工作的最低要求，他在从事每一项工作之前都要为自己定下一个标准，只要自己经手的每一件事情都要达到这个标准，绝不容许出现任何差错。这种心态促使他每个行为都要达到那个标准，甚至要求下属也要达到这一标准。

由此看来，一个人要想把事情做到最好，在他心目中必须有一个很高的标准，而不能是一般的标准。在决定事情之前，要进行周密的调查论证，广泛征求意见，尽量把可能发生的情况考虑进去，尽可能避免出现1%的漏洞，直至达到预期效果。

标准是做任何事情的最低要求，一个认真工作的员工应当始终坚持自己或公司的做事标准，时刻要求自己遵循公司的信条和做事准则，始终不渝。

按标准做事是做好工作的最基本要求，如果你一贯都不能坚持标准和质量，你就会自然而然地按照自己习惯的方式去做事，做得一般就自认为可以了。放松标准后，各种各样的问题就会接踵而来，我们的客户就会感觉越来越不好，他们或者有怨言，或者离我们而去。失去了衣食父母，我们也就失去了事业的土壤，到最后损失最大的还是我们自己。

坚持标准和质量可以提升我们自身的能力和素质，对于销售人员而言，坚持产品的标准和质量可以增加销售，降低成本。以生海鲜为例，同一种产品，保质期3天和1天是大有区别的——假若保质期为3天，员工会在第一天采购很多产品，卖得不好也不着急，因为第一天卖不出去，第二天、第三天可以继续卖；而保质期为1天，员工在采购材料时就会花心思计算合理的销售额，控制成本，在产品不好卖时他会主动站在货柜前向顾客推销，否则到关店时还卖不出去，就会变成弃货和损耗。

为公司多做一点点

每一个员工要想纵横职场、取得成功，除了尽心尽力做好本职工作以外，还要多做一些分外的工作。这样，可以让你时刻保持斗志，在工作中不断地锻炼自己、充实自己。同时，也会让你拥有更大的表演舞台，让你把自己的才华适时地表现出来，引起老板的关注。

你是否会像下列员工一样：

“啊，终于下班了！”甚至在下班前的半个小时，就已经收拾好案头，只等铃声一响，就像出巢的燕子。

“老板，我的专职工作是搞设计的，您让我多干些别的，那可是分外的事啊！要么给我奖金，要么我不干！”

“加班，加班，怎么老有干不完的活儿？真是烦死了！”

“算了，不是我的事，我才不管呢！”

“千万别多揽事！工作，多一事不如少一事，干得多，错得多，何苦呢？”

如果你真的有这样的情形，那么，这可是一件非常糟糕的事情啊！对于一名不把问题留给老板的员工来说，是不会有这样的想法和举动的。

社会在发展，公司在成长，个人的职责范围也随之扩大。不要总是以“这不是我分内的工作”为由来逃避责任。当额外的工作分配到你头上时，不妨视之为一种机遇。

提前上班，别以为没人注意到，老板可是睁大眼睛瞧着呢！如果能提早一点儿到公司，就说明你十分重视这份工作。每天提前一点儿到达，可以对一天的工作做个规划，当别人还在考虑当天该做什么时，你已经走在别人前面了！

如果不是你的工作，而你做了，这就是机会。有人曾经研究为什么当机会来临时我们无法确认，因为机会总是乔装成“问题”的样子。当顾客、同事或者老板交给你某个难题，也许这正是为你创造了一个宝贵的机会。对于一个优秀的员工而言，公司的组织结构如何，谁该为此问题负责，谁应该具体完成这一任务，都不是最重要的，在他心目中，唯一的想法就是如何将问题解决。

杰克是一家超级市场新近才招聘来的最基层员工，他只是一个不起眼的包装工，看不出他的工作有什么远景。如果要解雇什么人的话，他大概就是第一个被考虑的对象了。但是，让人意料不到的是，杰克很快成了老板眼中有价值的员工。

首先，他告诉载货部门的头儿：“我没事的时候可以来这里帮忙，多了解一下你们部门工作的情形。”然后，他就花些时间在那里帮忙做些分外工作。之后，他跟畜产部门经理说：“我希望有空时来这里向你学习，了解你们包肉和保存的过程。”一阵子之后，他又分别到烘焙、安全、管理、清洁，甚至信用部门帮忙。

3个月后，杰克几乎在公司的所有部门都游走过了，一旦某部门有人要请假，自然而然会想到请杰克去顶替。

几个月以后，恰逢经济不景气，老板只好请一些人走掉。有些人认为杰克这样的人肯定要被裁掉，可是杰克却被老板留了下来。一年以后，超市生意好转，有个经理的职位空缺，老板毫不犹豫地想到了杰克。

当你在公司接受一项自己并不喜欢的工作或代替某人的职务时，不要有丝毫的抱怨，主动去做，乐意去做，多做一些，多学一些，就可以对公司整体运作的情况多一分了解。这样一来，你可能也会像杰克一样变成公司最有价值的员工了。

假如有别的同事，把一些本来不应归你负责的工作交给你，或者你的上司在你已经忙得不可开交之时又吩咐你去做一件额外的工作时，你是选择接受，还是选择逃避？

这时候，你不妨尽自己所能把它做好，原因有三：

（1）反正你在办公时间总是要做事的，不论谁的工作都是公司的事，只要不影响自己的工作，就不应该区分彼此而一律照做。

（2）不妨把这次工作当做一次锻炼和学习的机会，多学一种工作技能，多熟悉一种业务，对自己总是有好处的。

（3）这也是展现自己才能和促进同事之间关系的大好机会，如果你能任劳任怨地尽心完成，一定会赢得同事或上司的好感。

总之，做一些分外的工作，多解决一些工作中的实际问题，使你所做的事比你所获得的报酬更多，那么，你不仅表现了乐于接受磨炼的品质，也因此发展了一种不寻常的技巧，它会使你能尽快地从工作中成长起来，获得担当重任的机会。

PART 06 第六章

优秀员工要有执行力

YOU XIU YUAN GONG YAO YOU ZHI XING LI

在职场中如果你有能力，却总是对于一些小事不屑于顾，甚至缺少执行力，那你还不能称之为优秀的员工。一个优秀的员工首先要做到的就是要服从，要具有执行力。

坚决服从才是优秀员工

服从命令是每个军人的天职，任何时候，违抗军令都是绝对不允许的。在职场里，虽然没有军队的纪律严明和必须绝对遵守的制度，但是上司的命令同样被视为最高的指示，应当坚决地去执行。

在生活中，我们经常会听到各种冠冕堂皇的借口，例如，上班迟到了，理由是路上堵车；工作在规定的时间内没有完成，就说工作量太大，等等。试想，一个事事都找借口的员工，有哪个老板会喜欢呢？不服从就代表他不愿接受领导交给他的任务，或是仅仅按照符合自己利益的方式去完成任务。

作为一名下属，你所能做的，也是唯一和必须要做的，就是像美国西点军校的西点人一样坚决地去服从和执行！

汤姆进公司不久，上司就让他去一个地方开发市场。但那地方十分偏僻，上司曾经把这个任务派给过3个人，但都被他们推脱掉了，他们一致认为那个地方根本不会有市场，即便去了也是徒劳。但是，汤姆接到上司的任务后，什么也没说，只带着公司产品的样品出发了。几个月后，汤姆带回好消息，那里潜在的市场很大。其实，汤姆在出发前，也认定公司的产品在那个偏僻的地方没有销路，基于坚决的服从意识，他还是毅然前往，并用尽全力去开拓市场，并最终取得了成功。

一个敢于积极地去接手棘手任务的员工，每一个老板都会欣赏，因为老板比任何人都清楚，这表明了你敢于承担责任，老板怎么会不欣赏这样的员工呢？所有的企业都希望自己的每一位员工都是优秀的，希望自己的员工都能够不折不扣地完成任务，而不是寻找借口。

作为员工，无论什么时候，都应该主动、积极地去完成上司交给你的任务，这是执行的第一步。一个高效的企业一定要有良好的服从观念，一个优秀的职员也应该有服从意识。

商场如战场，如果企业没有好员工，就不会有好的效益。要想做一名优秀的员工，自身必须具备的素质和能力有很多，服从就是其中之一。如果一个下属不能无条件地服从上司的命令，这样的团队必将走向失败；反之，一个下属无条件地服从上司的命令，则能产生强大的执行能力，取得巨大的成功。

没有一个上司喜欢那些自作主张、把自己的话当耳旁风的下属，所以，把服从当成天职的员工才是最优秀的员工。

服从是优秀员工的第一反应

在美国西点军校有一个广为传诵的传统，就是遇到军官问话时，只能有四种回答“报告长官，是”、“报告长官，不是”、“报告长官，不知道”、“报告长官，没有任何借口”。除此之外，不能多说一个字。

劳恩钢铁公司总裁卡尔·劳恩曾说过：“军人所做的第一件事情就是学会服从，整体的巨大力量来自于个体的服从精神。在公司中，我们更需要这种服从精神，上层的意识通过下属的服从很快会变成一股强大的执行力。”

商场如战场，服从的观念在企业界同样适用。每一位员工都必须服从上级的安排，就如同每一个军人都必须服从上司的指挥一样。服从是行动的第一步，一个团队如果下属不能无条件地服从上司的命令，那么，在达成共同目标时则可能产生障碍。反之，则能发挥出超强的执行能力，使团队胜人一筹。

当然，在企业中不能机械地照搬西点的训诫和要求，而且并不是上司的所有指令都正确，上司也会犯错误。但是一个高效的企业必须有良好的服从观念，一个优秀的员工也必须有服从意识，因为上司的地位、责任使他有权发号施令。同时，上司的权威、整体的利益不允许部属抗令而行。

曾有一位著名的田径教练，每当见到运动员便苦口婆心地劝他们把头发剪短，他的理由是：问题并不在于头发的长短，而在于他们是否服从教练。可见，纵然不懂教练的意图，但不找借口地服从，这才是教练所期望的好选手。

同样，不找借口地服从并执行，这才是企业所期望的好员工。

开学第一天，苏格拉底对他的学生们说："今天咱们只做一件事，每个人尽量把胳臂往前甩，然后再往后甩。"他做了一遍示范后，接着说："从今天开始，每天做300下，大家能做到吗？"学生们都笑了，这么简单的事，谁做不到？可是一年之后，苏格拉底再问的时候，全班却只有一个学生坚持了下来，这个人就是后来的大哲学家柏拉图。

"这么简单的事，谁做不到？"这正是许多人的心态，但所有的成功者与我们都做着同样简单的小事，唯一的区别就是，他们从不认为他们所做的事是简单的小事。在服从的背后是一种锲而不舍的精神，一种坚持到底的信念，一种脚踏实地的务实态度，一种自动自发的责任心。

所以服从是行动的第一步，处在服从者的位置上，就要遵照指示做事。服从的人必须暂时放弃个人的独立自主，全心全意去遵循所属机构的价值观念、运作方式，才会成为优秀的员工。

执行力是高效工作的保证

日本软银公司董事长孙正义曾说过：“三流的点子加一流的执行力，永远比一流的点子加三流的执行力更好。”执行力这个词原创自美国，通俗地说，执行就是做成一件事，执行力就是做成事的能力。检验执行力的标准即：是否能按时、按质、按量完成任务。

个人执行力的强弱，关键取决于自己是否有正确的工作思路和方法，是否有良好的工作方式和习惯，是否熟练掌握工作和做事的相关执行工具，是否有执行的做事风格与性格特质。具有较强执行力的人，在每一个阶段、每一个环节都力求卓越，切实执行。具有较强执行力的员工，就是能把事情做成，并且做到他自己认为最好结果的人。具有较强执行力的员工，随时随地都想着企业的顾客，了解到顾客的需求后，乐于思考如何让产品更贴近并帮助顾客。

耶稣带着他的门徒彼得远行，途中发现一块破烂的马蹄铁，耶稣希望彼得捡起来。不料彼得懒得弯腰，假装没听见。耶稣自己弯腰捡起马蹄铁，用它在铁匠那儿换来3文钱，并用这些钱买了十几颗樱桃。出了城，两人继续前行，经过茫茫荒野时，耶稣猜到彼得渴得厉害，就把藏在袖子里的樱桃悄悄地扔出一颗，彼得一见赶紧捡起来吃了。耶稣边走边丢，彼得也就狼狈地弯了十几次腰，于是耶稣意味深长地对他说：“要是按我说的做，你最开始弯一次腰就行了，我就不用一次又一次重复地扔樱桃，你也就不用没完没了地弯腰。”

这个寓言深刻地说明了执行的重要性。如果员工都和故事中的彼得一样，对企业领导的指令听而不闻、不去执行，领导者的所有指令都会变成一纸空文、一场空谈，而员工自己也将为执行不力付出代价。

执行力是企业员工的一种基本能力。看一个人是否有较强的执行力，主要从三个方面观察：反应及时，行动快；理解到位，效率高；追求卓越，好胜心强。员工在工作中要按这三个方面的要求来做，那么他就是一个执行力很强的人。

很久以前，海边生活着一个老渔夫，他每天都要出去捕鱼。这个老渔夫捕鱼时有一个习惯，那就是在捕鱼前一定要喝两口白酒，然后再趁着酒劲儿下海捕鱼。这样，他捕鱼时才会更有精神。

有一天，老渔夫像往常一样又来到了海边。他正要喝酒的时候，突然听到了一阵凄厉的叫声。他发现船边有一条蛇，蛇的嘴里叼着一只青蛙，凄厉的叫声是垂死挣扎的青蛙发出的。见到这个情景，老渔夫顿生恻隐之心，他心里暗暗想着，“怎么办？我得救它。可是，如果我把蛇打死，蛇也是生命呀！”情急之下，老渔夫突然想到了一个招数，他往酒杯里倒了两滴酒，接着马上跑到蛇面前，冲着蛇嘴将酒滴了下去。蛇一闻见酒香就把嘴张开了，青蛙顺势跑掉了。

老渔夫非常高兴，觉得自己真是做了一件一举两得的好事。正在老渔夫自我得意的时候，他又听见了凄厉的叫声，而且这次的声音比刚才的声音还要高亢。他走过去一看。发现刚刚游走的蛇又回来了，它的嘴里叼着两只青蛙，瞪着两只眼睛看着老渔夫。

老渔夫明白是怎么回事了。原来蛇领会错了他的意思，他本来是想救青蛙，才给蛇点儿酒喝，结果蛇以为叼一只青蛙就会有两滴酒喝，叼两只青蛙就可以得到更多的酒。

这个故事告诉我们，在工作的时候，不但要有敏锐的思维和较强的执行力，同时还需要正确领会上级的意图并有正确的执行方法，只有这样才能达到最好的效果。

强生公司总裁拉尔夫·拉尔森表示："如果不能被付诸实施的话，再周密的计划也一钱不值。"所以执行是否有力是事关企业生死的大事。一个企业即使有再好的战略，再详细的规划，如果不能将这些战略规划执行到底，那么所有的战略规划永远也不可能成为现实。

现代企业都已清醒地认识到执行的重要性。纷纷致力于企业执行力的建设，包括领导者和管理者自身执行力的建设，以及企业员工执行力的提升。其中，员工的执行力是企业执行力的基础，因为员工执行力的高低决定了企业发展的速度。

事实上，只有做到坚定不移地服从命令，尽职尽责地执行任务的员工才能得到领导者的认可，获得更多发展的机会。而那些只会怀疑领导的命令，却从不尽力执行命令的员工，在公司领导心目中必然不会占有重要的位置。

一个企业的执行力决定了企业的竞争力。在任何一个企业中，一个员工的执行力都决定着企业的命运。有无数的人拥有卓越的智慧，但只有那些懂得如何执行的人获得了成功。

执行力是你能力的体现

为什么一件小事拖拖拉拉完不成？为什么一个好的战略犹如空中楼阁，无法实施？这些都是因为没有好的执行力作为支撑。比尔·盖茨说：“没有执行力，就没有竞争力。”所以，执行力就是战斗力，执行力就是竞争力，执行力对于企业发展、团队塑造是非常重要的。

一名员工，只要接受了任务就意味着做出了承诺，即使完成不了自己的承诺也不要找借口，因为没有任何借口是高度敬业精神的体现。一个不找借口的员工，肯定是一名优秀的、执行力很强的员工。这样的员工，首先能够坚决地执行上级的命令和指示，义无反顾地去完成任务，不管在完成任务的过程中遇到怎样的艰辛与困苦。所以，无论是企业高层、中层还是基层员工，如果每一个人都能保质保量地完成自己的任务，就不会出现执行力不强的问题；如果企业在每一个环节和每一个阶段都做到一丝不苟，就不会有这么多的推诿扯皮现象。

有这样一则古老的寓言：某地的一群老鼠，非常惧怕一只凶狠无比、善于捕鼠的猫。于是，老鼠们群聚一堂，讨论如何解决这个心腹大患。老鼠们颇有自知之明，并没有杀猫的雄心壮志，只不过想探知猫的行踪，早做防范。有只老鼠的提议立刻引来满场的叫好声，它建议在猫的身上挂个铃铛。在一片叫好声中，其中有只老鼠突然问道：“谁来挂铃铛？”

这是一个讽刺性很强的寓言。因为没有好的执行力，所以给猫挂铃铛只是一个梦而已。一个团队如果没有完美的执行力，就算有再多的创造力也可能没有好的成绩。可见，具有执行力，是一个人或一个团队能否被认可、能否成功的关键因素之一。作为一个企业，有无执行力，关键要看是否拥有具有执行力的人。

每个组织并不缺乏伟大的战略，真正需要的是把战略落实到位的执行力。毕竟，再不景气，仍有公司达到预定的运营目标；构想再伟大，也要有人将它实践出来，这一切靠的都是执行力。而提高执行力的关键在于每一名员工真正明确和履行各自的岗位职责，在其位，谋其政，心往一处想，劲儿往一处使，形成执行合力。

普通员工的本职就是落实，就是执行。要进一步树立大局意识、责任意识和学习意识，加强理论知识和业务技能学习，全面提高自身素质，充分发扬“蜜蜂”那种兢兢业业、任劳任怨的精神，扎实高效地干好自己的本职工作，不折不扣地落实上级精神。

所以，在工作中，我们不要把过多的时间和精力花费在寻找借口上，不管事情的结果怎样，借口是起不了任何作用的。与其寻找借口，还不如动脑筋想想怎样去解决，办法总比困难多。相信总可以找到解决问题的方法。

助你成为执行高手

执行力是企业发展的根本保证，企业的经营决策会因为执行力强而得到彻底贯彻实施，直接作用于终端市场，发挥很大的作用，最终提升企业的市场竞争力；相反，若在一个执行力差的企业，再好的决策，因为执行不力而在实施的过程中变成一纸空文，最后不但不能提升市场竞争力，甚至会起反作用，造成严重的负面影响。

靠执行力取得成功的典型例子是沃尔玛。沃尔玛的创始人山姆·沃顿创业时，是从乡村包围城市，一点一滴拉大和竞争者之间的差距。例如仅失窃的损失，沃尔玛就比竞争者少了一个百分点，这样的成果和3%的净利相比，贡献可观，而这就是执行力的具体表现。除此之外，沃尔玛还利用集中发货、仓库每天提供低价商品、全国卫星联网的管理资讯系统等，以这些看似平淡无奇的管理手法，创造出全球最大的百货公司。在过去的四十年中，没有任何公司能成功地模仿沃尔玛，成功之道无他，唯执行力而已。

所以执行力是事业成功、企业发展的根本保证。对一个现代企业来说，执行力就是决胜力，而执行力是否够强、够彻底，需要通过一个个小细节来体现。一家企业的成功，30%靠战略，50%靠执行力，其余的20%包含了机遇、环境等客观因素。可见执行力是最重要的。

相信每一个员工都想成为执行高手，对于普通员工来说，若想不断提升自己的执行力，要注意以下几点：

1. 有良好的计划能力

凡事预则立，不预则废，是否有一个好的计划，是提高个人执行力的关键所在。员工应该努力遵循上级的工作分配与要求，制订好相应的工作计划，在全力以赴落实工作的同时，主动汇报工作进度。并配合上级的工作调整，只有这样才能保障计划的有效执行。

2. 具备一定的内在素质

一个优秀员工的素质包括：对企业忠诚、对工作高度热情、坚决服从上级安排、团队合作精神、优质高效地完成任务的能力等。这些素质是提高个人执行力的必要因素，影响着个人执行力的发挥。

3. 掌握科学的方法和管理工具

养成良好的工作方式和习惯，学会科学的授权和任务管理，制定明确的远、中、近期目标，并分配到每个人。在下达任务前，要有清晰的岗位划分和岗位责任、明确的任务说明、具体的工作目标和对任务的责任，这些科学的工作方法和管理工具都有助于我们更好地完成任务。

4. 加强个人在团队中的影响力

一个人在团队中的影响力越大，就越能得到他人的支持与配合，这对提高执行力是非常重要的。具备高度执行力的人，是集高能力与高素质于一身的人，这样的人必将受到企业和老板的高度重视。所以，加强人际交往和个人在团队中的影响，提高自己在同事心目中的地位是非常重要的。

你想在职场中大获全胜吗？那么从现在开始就全力以赴地执行吧！因为一个成功的人，必定是一个执行高手。

服从不等于盲从

《孙子兵法》有云：“将在外，君命有所不受。”这不只是怕有人假传圣旨，还有最重要的一点就是不接受远在千里之外对战局毫不了解之人的命令，哪怕他是自己的国君。

道格尔休斯上校曾经在一次远征的动员大会上说过：“忠诚不是愚忠，服从不是盲从，假如你的长官错了，你还盲目地忠诚于他，你就是愚昧的人，这样的人没有资格进入海军陆战队。”员工和军人一样，服从命令是天职，但是员工和老板的关系不是封建社会的君臣，不盲目服从老板的命令是每一个员工的责任。

很多老板在考核自己员工的时候，不仅仅考虑他能否在布置下的任务面前毫不退缩，最重要的是这个员工能不能按照自己的意图把工作做好。

下级服从上级，彼此融洽相处，才能有条不紊地开展工作、提高效率。把服从视为责任的人，会不讲条件，不问原因，不计报酬，不折不扣地去落实完成，这就是恪尽职守。无论遇到什么困难，遇到多大阻力，他们都会想尽一切办法去实现目标。

在实际工作中，服从与盲从虽一字之差，意义却大相径庭。服从是无条件地执行，不找任何借口，快速、认真地依从上级指令完成任务。盲从则是对上级的指示、决定，在不理解其意图的情况下一味附和、一概听从、一律执行的盲目行为。

每一个羊群中都有一只头羊，只要这只头羊在群羊之中，所有的羊都会一心一意地跟随它，这便是羊的习性。

有一家牧户设有一个专门杀羊的屠宰场，但是每次杀羊的时候他们都非常的苦恼，杀羊并不困难，困难的是怎样将羊赶进血腥味十足的屠宰场内。后来他们终于发现，只要让头羊走进去，所有的羊都会乖乖地跟着头羊走进去，哪怕走进去的是令它们闻风丧胆的屠宰场。

牧户在屠宰场的另外一边开了一个小门，并训练了一只头羊。每次这只头羊带领着新的一群羊走进屠宰场后，它便从另外一个小门走出去，而被关进屠宰场的羊群面临的将是血腥的屠杀。

这只头羊一次次带领新的羊群走进屠宰场，而一批批羊群对这只头羊依然一心一意地跟随。悲剧就这样一次次重演，而悲剧的源头只是因为群羊的盲目服从。

在职场中，也有不少人单纯地认为只要对老板完全尊重，甚至是阿谀奉承才是服从，奴性十足才是忠诚。或许这样的人在初入职场的时候会迅速得到老板的青睐，但是会在很短的时间内被老板识破，一个拿愚忠、阿谀奉承或奴性当做忠诚、当做服从的人，很快会被明眼的老板淘汰。

服从不等于盲从，职场中人对领导的能力、水平、人格可以认同和赞赏，但不能迷信、崇拜和不分是非。既要尊重领导，也要学会思考，要认真执行其正确意见和主张，但不能盲从。任何盲从都会导致脱离实际，生活在虚无缥缈之中，最终会掉下无底深渊，不能自拔。那么，怎样才能做到服从而不盲从呢?

（1）不一味顺从。对领导的指令当然要认真贯彻执行，但是，服从不是听话到不辨是非的程度。如果发现领导有错时，作为下级需要冷静思考，权衡利弊。特别是在原则问题上发现有问题。如果一味顺从会对实际工作和领导本人带来负面影响时，那你一定要想方设法及时向领导坦诚提出自己的看法和建议，不能明知不对，闭口不言，有错不纠。

（2）不信口开河。有的人嘴上没有锁，喜欢私下评头论足。若想避免信口开河，就要学会严谨，说话滴水不漏，办事有板有眼，待人不卑不亢，处世游刃有余。坚决不做小道消息的传播者、人云亦云的学舌者、搬弄是非的坏事者。

（3）不当面顶撞。如果你觉得领导的决策不合理，下级也不可以当面顶撞，令领导难堪。在众人面前应该先接受，表示服从，然后，再单独找领导汇报、沟通和交流，委婉地说明，让领导自己了解不合理的地方，而自行纠正。这样，既能调整不合理的决策，又不伤害领导的自尊心，还能密切上下级的关系。

服从不是不辨是非，像一个奴才一样绝对愚忠于自己的老板，而是保持清醒的头脑忠诚于自己的职业，服从老板正确的命令。当老板做出错误的决策时，不要当面让老板下不了台，要巧妙地指出问题的症结所在，千万不要盲目服从。

PART 07 第七章

做有价值的员工

ZUO YOU JIA ZHI DE YUAN GONG

每个企业都有不同的岗位，每个岗位不同，相应的就会有不同的岗位职责。千万不要小觑了自己的岗位，只有将自己的本职工作做好才是在为你加分。

在自己的岗位上体现出自己的价值

有两只老虎，一只在笼子里，一只在野地里，笼子里的老虎三餐无忧，野地里的老虎自由自在，它们互相羡慕对方的自由或安逸，最后两只老虎决定互换位置。但不久两只老虎都死了，一只因饥饿而死，一只因忧郁而死。从笼子里走出的老虎获得了自由，却没有获得捕食的本领；走进笼子里的老虎获得了安逸，却没有获得在狭小空间生活的心境。

这个小故事旨在说明，在生活中，每个人必须根据自己的实际情况来选择自己的生存原则。在工作中，也要根据自己的工作性质而正确地选择自己的位置。不要羡慕别人的生活或者工作，因为别人的生活和工作也许正是自己的坟墓。

公司是一个复杂的大棋局，每个人只是其中的一枚棋子。不管你处在一个什么样的位置上，都应明确自己在企业中发挥的作用，努力让自己的工作做到最好。

选择工作并不是我们想象中找个糊口谋生的手段那样简单，它就是我们的事业，是我们人生的发展方向，是我们梦想的飞翔起点。如果花费了时间和精力，却做得淡然无味又没有成绩，何不在一开始就冷静想想自己的优缺点和兴趣所在、自己适合做哪种工作等。

大家都听过“龟兔赛跑”这个故事。但它的后续故事据说是这样的：

兔子不服气，提出要与乌龟重新赛跑一次。它决心这次一定不轻敌，要认真地跑完全程。乌龟答应了，所有人都认为这次兔子必定会赢。比赛开始后，乌龟依旧像上次那样老老实实地向前一步步爬行着，可是没料到，到了终点后乌龟发现自己仍是首个到达的。

原来兔子出发时太过急切，竟然连方向都弄错了，一路上只顾狂奔也没有发现。可怜的兔子这次虽然有一百分的认真，但还是输了比赛。

可见一开始你的个人职业定位至关重要。史蒂芬·柯维说："在你开始攀登成功之梯时，首先要确定这部梯子靠对了地方。"所以，每个人在工作中都要找准自己的位置，承担属于自己的责任，这样才能得到上司的赏识和重用。

王娜和张燕毕业后同时被一所知名学校聘用为校长办公室秘书，负责起草文件、对外宣传以及一些日常接待工作等。王娜活泼好动，总是喜欢在某些场合表现自己，因为她长得非常漂亮，偶尔有些小的错误，大家总是会原谅她。而张燕则不同，她虽然普普通通，但是她找准了自己的位置，开始工作后，她便从了解学校各部门的职能做起，对照学校的远景规划和年度工作目标，熟悉学校每项工作的进展情况，并对今后的工作做出前瞻性的预测和判断，以此提高自身的素养。在遇到合适的机会时，她就会把自己成熟的想法向校长做适当的汇报。

一次，王娜和张燕一起陪校长去会见一位给新校园投资的大公司老板，签一份重要的合同。在他们签合同的时候，外面突然下起了小雨。当张燕从司机处获悉车上没有雨伞后，她便立即掏钱给司机，让他赶快到附近的商店去买一把雨伞。等校长签完合同与投资方从宾馆里走出来的时候，雨下得正急。面对这种情况，王娜手足无措。而张燕则接过司机送来的伞递给了校长，校长从容地为投资方老板打伞，送其上车。事后，校长对王娜和张燕的看法发生了很大的转变。

二人在学校干了四年，第一年张燕做的是普通秘书，第二年便升任办公室副主任，第三年由副转正，第四年出任校长助理。而王娜仍然是一名普普通通的办公室秘书。

秘书的职责就是辅助决策者做好必要的日常工作，处理好各种日常问题。下雨时为老板准备雨伞是秘书职责范围内的事情，张燕做到了，而王娜没有找准自己的位置，忘记了她作为秘书的职责，所以她没有得到升迁。

作为公司的一名员工，无论你干什么工作，成功的关键就是要找准自己的位置，承担起属于自己的责任，言行与自己的位置相符，把属于自己的工作做到位。

其实我们的一生就是一个不断寻找自己位置的过程：生活中的位置、工作中的位置、家庭中的位置……只有找准自己的位置，个人价值才会得到实现，人生也才是有意义的。

让自己成为所在岗位的唯一

两匹马各拉一辆木车，前面的一匹走得很好，而后面的一匹常停下来东张西望，显得心不在焉。人们便把后面一辆车上的货挪到前面一辆车上去，等到后面那辆车上的东西都搬完了，后面那匹马便轻快地前进。并且对前面那匹马说："你辛苦吧，流汗吧，你越是努力干，人家越是要折磨你，真是个自找苦吃的笨蛋！"

来到车马店的时候，主人说："既然只用一匹马拉车就够了，我养两匹马干嘛？不如好好地喂养一匹马，把另一匹马宰掉，总还能拿到一张皮吧。"结果，这匹懒马被主人杀掉了。

把马换成人，雇主当然不会把不称职的员工杀掉，但他肯定会解雇他。而剩下的那匹马，似乎表现得"自讨苦吃"，但后来却成为了主人不可替代的拉车马匹。

在竞争越来越激烈的今天，你可以在许多方面平平庸庸，但你必须至少在某一方面很出色。只有这样，你才可能成为企业中不可被别人替代的人。

成功学大师拿破仑·希尔博士曾经说过："专业知识是这个社会帮助我们将愿望化作黄金的重要渠道。也就是说，如果你想获得更多的财富，就应不断学习和掌握与你所从事行业有关的专业知识。不管怎样，你都要在你的行业里成为第一等的专才。只要这样，你才可以鹤立鸡群，出类拔萃。"所以，不论处在什么工作岗位。我们都要有自己独树一帜的过人之处，使自己成为该岗位上的专才，让自己不可替代。

美国一工程师的维修出场费高达1万美元。有一次他应邀到某工厂维修大型机器，他转了一会儿，敲敲这儿，听听那儿，最后在机器的一个部位画了一条直线，说："问题就在这里。"工人将那个部位拆开，修理完之后，机器果然重新运转起来，工人们一起叫好。厂里付给他1万美元，工人们羡慕地说："你画的这条线可真贵呀，一条线值1万美元。"工程师回答道："这条线其实只值1美元，可是知道在哪里画这条线值9999美元。""知道这条线画在哪里"这就是这位工程师的重要性所在，说明了他是不可替代的。

一般来说，常人做事，总是单方面偏向自身利益考虑问题，对自己有利的，便认为是正确的；对自己不利的，便加以反对，而不考虑事情本该是什么样子的。这虽然是人之常情，但在利害不明时，这种心态使他们倾向于保守。他们只敢交易，不敢投资；只敢"拿一份钱干一份活"，不敢"干一份活拿一份钱"，从而错失了许多赢利的机会。

一个做事有原则的人，能够突破自身利益的局限，考虑怎样对工作有利，考虑怎样对对方有利。而且，他敢于根据事情的需要，先付出自己的努力。这就是在进行投资，也有亏本的可能，但终将赢取大利。

在美国，有一个年轻人取得了博士学位，却总是因工作岗位与自己的学历不相符，每天都奔波在求职的路上。最后为了生计，他以大专的学历在一家制造燃油机的企业担任质检员，薪水比普通工人还低。工作半个月后，他发现该公司生产成本高、产品质量差，于是他便不遗余力地说服公司老板推行改革以占领市场。

身边的同事都在嘲笑他，认为他不值得为那点儿薪水卖劲儿。他却认为这是在为自己工作，并感到很快乐。几个月后，这个年轻人晋升为副经理，薪水翻了几倍。尤为重要的是，这几个月的改革让企业增加了几千万美元的收入。

可见，优秀员工的价值并不是老板或别人施舍的，而是由市场需求和自己的能力决定的。所以，你要努力工作，为公司创造一流的业绩，同时也让自己变得重要起来，成为企业需要的人。这样一来，你的薪酬增加就是理所当然的事情了。

塞内加曾说："只有少数人以理性指导生活，其他人则像湍流中的泳者——他们不确定自己的航程，只是随波逐流。"在职场中，你要掌握一项别人没有掌握的技能，让自己成为不可替代的员工，你的薪酬自然就会跟着增加。

在创新中实现自己价值的升值

在竞争激烈的国内外市场中，企业要保持不败之地，主要取决于经济实力、竞争力和生产劳动率，但更取决于创新能力。创新能力不但决定着一个员工的命运，同时也决定着一个企业的命运。员工的创意为公司带来的价值是无法估量的，所以说，一个公司拥有了具有很强创新能力的员工，也就在很大程度上赢得了市场。

日本东芝电器公司曾在1952年的时候积压了大量的电扇。7万多名职工为了打开销路，搜肠刮肚地想了很多办法，但是最后也没有解决问题。

有一天，一个小职员想到了一个办法——改变电扇的颜色。当时，全世界的电扇都是黑色的，没有人想过要把电扇做成其他的颜色，这一建议引起了东芝董事长的重视，经过一番深入的研究，公司采纳了他的这个建议。

在第二年的夏天，东芝推出了一批浅蓝色的电扇，没想到在市场上掀起了一阵抢购热潮，几个月之内东芝就卖出了几十万台电扇。从那以后，日本乃至全世界的电扇都不只是一副黑色的面孔了。

可见，一个好的创意可以让一个濒临破产的企业起死回生，能让一个默默无闻的企业名声大噪，还能让一个成功的企业独占一席。所以，现在的企业都很重视员工创新能力的培养。你若想成为一名具有创新能力的优秀员工，需要注意以下几点：

1. 强迫自己创新

强制自己换一种角度和思维模式看待已经完成的工作，可以用一种类似自我训练和实验的办法展开：每当你完成一项工作任务之后，就给自己一些时间，思考出至少两种另外的解决办法。然后，拿着你想到的两种办法，通过征求身边人的意见，判断自己的创新想法有无可行性，有什么利弊，等等。

2. 寻找创新的灵感

创新不仅需要智慧和灵感，更需要日积月累、厚积薄发。在你抱怨一件事情没有突破，想不出创新办法的时候，可以从自身下手，先检视一下自己是否足够沉浸其中，当你全情投入之时，也许好点子就会如约一个个地蹦出来。另外，当一个人冥思苦想仍然缺乏灵感时，可以试着把自己的问题讲给周围的同学和朋友，请他们来当你的军师，也许在七嘴八舌间你就会找到创新的灵感。

3. 有突破常规的勇气

常有所疑，是创新的开端；而勇于破疑，则是创新的动力。这也是创新过程中很重要的一环。然而创新的过程中往往充满了挑战，不仅需要打破常规，也需要挑战权威。这种时候，坚定的信念和无畏的勇气是创新成功的关键，也是推动事物乃至历史前行的力量。

4. 不要为了创新而创新

对职场人士来说，创新是为了更快、更好地达成工作目标。为了创新而创新，就像空中楼阁一般危险，很容易由于盲目导致激进，造成项目或事业大厦的坍塌。

总之，思维是人类最为本质的特征，是人类活动的源头，也是创新的源头。有了创新思维，人类社会才能不断地进步。但是人类的思维常常会被一种特定的东西所局限，或者存在着某种障碍，所以要想发挥自己的创新能力，就必须突破局限。只有创新，社会才能继续向前发展，企业才能不断发展壮大，个人才能走向成功。

知道事物应该是什么样，说明你是聪明的人；知道事物实际是什么样，说明你是有经验的人；知道怎样使事物变得更好，说明你是有才能的人。只要我们在生活中学会变化思维看问题，抓住每一个可能创新的细节，经常积极思考，我们就一定会成为具有创意能力的优秀员工。

勤奋努力成就价值

俗话说：“一勤天下无难事。”与其说勤奋是一种精神，倒不如说勤奋是成功的基石，是决定一个人成功的能力。成功离不开勤奋，勤能补拙。在商业领域中，从松下幸之助、比尔·盖茨、乔·吉拉德到其他成功的人士，他们的成功固然离不开天时地利，离不开时代赋予的种种机遇以及他们生命底色中某些与生俱来的素质，但不可否认的是，他们背后更多的是靠后天自身的努力与勤奋。

如果说忠诚敬业是一个优秀员工的职业操守，那么，勤奋努力则是最完美的职业态度。只有勤勤恳恳、扎扎实实地勤奋工作，才能把自己的才能和潜力全部发挥出来，才能在短时间内创造更多的价值。

乔·吉拉德曾连续 12 年荣登世界吉尼斯纪录大全世界销售第一的宝座。他所保持的世界汽车销售纪录，连续 12 年平均每天销售 6 辆车，至今无人超越。他的成功是注定的还是有什么秘诀吗？尽管乔·吉拉德一再强调“没有秘密”，但还是把他卖车的公关诀窍抖了出来：他把所有客户档案都建立系统的储存，每月要发出 1.6 万张自己的名片，无论是否买他的车，只要有过接触，他都会让未来的客户记住乔·吉拉德这个名字。除了在销售过程中保持充分的自信外，乔·吉拉德的成功也离不开勤奋。天道酬勤，像乔·吉拉德这样成功的营销大师，正是因为在平常的工作中加倍的勤奋，才赢得最伟大的汽车销售员的美誉，才赢得了客户的信赖。

可见，勤奋是通向成功的必经之路。那些成功者，那些做出了惊天动地大事的伟人，那些忠诚敬业、成就卓越的人，他们都有一个共同的特点，那就是勤奋。从来没有一次成功是不需经过勤奋努力奋斗而得来的，从没有一个成功者是散漫懒惰的。

然而，现在有些人总喜欢为自己的懒惰寻找这样那样的借口。他们每天看似忙忙碌碌，总有干不完的工作，实则，他们在忙碌的过程中有很多时候是在做着工作以外的事情，本来一个小时就可以完成的工作，却要用两个小时来完成。

如果你只是把工作当成是一件不得不去做的事情，每天浑浑噩噩、得过且过地应付着，从来不把工作当做自己的事业，当做自己生命中有意义的一部分去做，那么你脑海里再伟大的构想也终归是海市蜃楼、空中楼阁，成功永远也不会垂青于你。

也许你没有丰富的工作经验，也没有超人的智慧，能力也不及他人，但是只要你有勤奋的精神，为工作付出了艰辛的努力，总有一天，你会成为最优秀的人才。

冯刚就是靠着自己的勤奋获得了事业上的成功。他目前是杭州市一家建筑公司的副总裁，而在几年前，他只是一名在工地上很不起眼的送水工人。当其他送水工人把水桶搬进来，一面抱怨薪水太少，一面悄悄地躲在一边抽烟的时候，冯刚却给每一位工人的水杯里倒满水，利用一切可以利用的时间来了解和工作有关的情况，替他们做一些力所能及的事情。

结果在两个星期后，他当上了公司的计时员。已经是计时员的他依然非常勤奋，每天第一个到工地的总是他，最后一个离开的还是他。他的勤奋使他对建筑工作的每一个流程都非常熟悉，连工地上最有经验的工人也经常向他请教。

现在，他已经成为公司的副总，依然特别专注于自己的工作。他经常鼓励大家学习和运用新知识，还经常拟定一些计划、画草图，向大家提出各种建议。只要给他时间，他可以把客户希望他做的所有事情都做好。

人们常常用薪水来衡量自己工作的多少，认为公司给我多少钱，我就做多少钱的活儿，做的太多了公司也不会为自己加一分钱，那样自己会很吃亏。还有人认为，只要自己每天完成分内的工作就可以了，至于公司里的其他事情，自然会有别人去做。抱着这样的心态，即使你很有能力，很有才华，但是不去在实践中运用，最后也会被埋没。

因此，只有勤奋才能够创造出出色的业绩，也只有勤奋的人才有资格享受成功后的喜悦。勤奋工作是一种等待，一种积蓄，只有这样，在关键时刻才能让自己大放光彩。

“没有一番寒彻骨，哪得梅花扑鼻香。”成功没有捷径，只有勤奋这条唯一的路，这是一条必经之路。只有勤奋，才能从工作中发现问题，才能在不断解决问题的过程中学到更多不曾学到的知识，才能积累丰富的经验，最终取得成功。

把工作当成事业来做

每个人在工作之初的起跑点都是相同的，但是在经过若干年之后，有的人会成为企业的骨干，在工作中如鱼得水；有的人却平平庸庸，原地踏步。为什么会出现这种情况呢？这其中当然有个人能力和工作经验的因素，但是最主要的还是对待工作的态度。

在一个小镇上，路人问三个石匠在做什么。第一个石匠说："我每天都枯燥无味地搬石头砌墙。"第二个石匠说："我的工作很重要，我要把墙垒好，这样房子才会结实。"第三个石匠则目光炯炯地说："我的责任十分重大，这是镇上的第一所教堂，我要将它建成百年的标志。"

当今社会，职场人士承担着巨大的有形或无形的压力。许多人不尊重自己的工作，对自己的工作不满，觉得没什么意思，非常不快乐。他们认为自己是迫于无奈才选择了这份工作，或者他们认为工作枯燥无味，完全不是自己所想象的那样。于是他们把工作当做一件苦差事，在工作中愁眉苦脸，不断叹气，在无聊中等待下班，在碌碌无为中虚度光阴，从热爱工作到应付工作再到逃避工作。

老板都喜欢那些勤奋、诚实的员工，而老板也总是会将升迁和加薪的机会留给那些踏踏实实做事，努力上进的员工的。如果你赋予了工作实际的意义，那么无论工作大小，再辛苦、再劳累，你也会感到快乐的。

如果把工作当成自己的事业，一个人就会因此而迸发出无尽的热情与活力，自己的潜能也会得到最大程度的发挥。如果你视工作为一种义务，那么你的人生就是地狱；如果你视工作为一种乐趣，那么你的人生就是天堂。

的确，富有事业感的人，他们通过工作所获得的不仅是物质、荣誉等外在报酬，更重要的是获得了内心的满足感和自我价值的实现。在功名之外，他们努力追求着另一个完美的境界，发现自己生存的意义，感受幸福和自我满足。

但很多人都把自己的事业理解成自己创业开公司，其实这是一种片面的想法。在我们身边能够从一份普通的工作中成就自己事业的名人事例不胜枚举，例如微软大中华总裁唐骏，唐骏的成名在于他不仅仅是打工皇帝，更为重要的是他激励了更多管理精英加入职业经理人的行列，并且把职业当做自己的事业来经营。

如果你只把自己定位成一个打工者。那么，你在工作中就缺乏了激情和动力，在工作中也学不到很多有益于自己发展的宝贵经验，最终也成就不了自己，一辈子只能是一个打工者；而那些把企业当成是自己的，把工作当成是自己追求的事业的人，不仅学到了知识、经验和技能，更重要的是成就了自己的辉煌。

所以，若想真正从工作中获得快乐。我们就要把工作当做是一种事业，而不是一种刻板、单调的苦差事。其实，在日常工作中，每一件事都值得我们去做。不要小看自己所做的每一件事，即便是最普通、最简单的事，也应该积极主动、全力以赴、尽职尽责地去完成。小任务的顺利完成，有利于你对大任务的成功把握，进而一步一个脚印地向上攀登，最后走向成功的彼岸。

在失败中不断壮大自己

有一个步行的人，因为路不平而摔了一跤，他爬了起来，可是没走几步又摔了一跤，于是他便趴在地上不再起来了。有人问他：“你怎么不爬起来继续走呢？”那人说：“既然爬起来还会跌倒，我干吗还要起来，不如就这样趴着，就不会再被摔了。”这样的人，你一定认为他是一个可笑的人，因为他被摔怕了，所以不敢起来继续往前走，因而他也就永远无法到达他的目的地。

其实，当你开始干一件事的时候，失败可能随时伴随着你。如果害怕失败，那么你将一事无成。任何工作都是如此，只有在失败中你才能真正学到本领。想长大成人，想超过别人，就要记住：“失败是成功之母！”

你肯定见过一种叫做“不倒翁”的玩具，“不倒翁”的重心在下面，所以无论你怎么推它、捅它，只要一松手，它立刻又会直立起来，因此，它永远都不会趴下。人生正是这样，由于不断地经受磨难，人才能变得更坚强。你从失败中学到的东西，远比你从成功的经验中学到的东西要多得多。

1988年，一个年轻人大学毕业了，他来到父亲创办的企业里工作。父亲一心想把儿子培养成自己的接班人，但是事与愿违，父亲带着儿子干了10年，儿子却十分平庸。1998年，在留下了几百万元家产后，父亲带着期盼的眼神死去了。两年以后，儿子含泪向法院申请了破产，从此，他开始了打工生涯，在经过这次挫折之后，他学会了思考。后来他接手了一家摇摇欲坠的企业，使企业起死回生。这个企业现在叫香港豪帝集团，比他父亲的那个企业更有名。那个年轻人叫周卫，是豪帝集团的总裁。

可见，要想成功，就要经得起失败和挫折。每个人必须经历蹒跚学步才能走出优美的步伐，同样，每个人必须经历挫折才能成功。一个不能认识和接受挫折的人，是无法看清楚成功的本质的。

日本著名的实业家原安三郎这样说："年轻时赚一百万的经验，并不能称为将来赚十亿元的经验，但损失一百万的经验，倒可以培养赚十亿元的经验。逆境是锻炼人才最好的机会。"所以，失败磨炼人的意志，坚强的意志使强者战胜了失败而获得成功。任何工作都是如此，只有在失败中你才能学到真正的本领，才能为自己以后的职业生涯铺平道路。

20 世纪 60 年代初期，美国人玛丽·凯把一辈子积蓄下来的 5000 美元作为全部资本，创办了玛丽·凯化妆品公司。在创建公司后的第一次展销会上，玛丽隆重推出了一系列功效奇特的护肤品。本以为这次活动会引起轰动，结果整个展销会下来，她的公司只卖出去 1.5 美元的护肤品。意想不到的残酷失败使玛丽·凯控制不住而失声痛哭。经过认真分析，玛丽擦干眼泪，从第一次失败中站了起来，在重视生产管理的同时，加强了销售队伍的建设。经过 20 年的苦心经营，玛丽·凯化妆品公司由初创时的雇员 9 人发展到现在的 5 千多人；由一个家庭公司发展成一个国际性的公司，年销售额超过 3 亿美元。玛丽·凯终于实现了自己的梦想。

成功总是在历经多次挫折后才姗姗来迟。正确面对挫折，是一个人走向成功的重要素质和能力。那些越挫越勇、屡败屡战的人才是真正的英雄，才能真正享受到成功的喜悦。

可以肯定地说，没有人喜欢失败，因为失败大多是一些令人痛苦的经历，甚至是让你的人生受到重创的体验。然而，无论是什么人，一生顺利且从未尝过失败滋味的人，估计是不存在的。不管你有多伟大，多么不同凡响，只要你是一个人，只要你是一步一步地走着人生之路，那么，你或多或少都会经历过失败，只不过是轻重程度不同而已。

人们常说失败和成功是一对孪生兄弟，“失败是成功之母”，可见失败是我们人生中的必修课。成功往往青睐失败过的人，成功是失败的恩赐，不断地从失败中走出的人要比从成功中走出的人辉煌得多。

超越上级对你的期望

有一次，在企业家论坛会上，主持人向一位成功的企业家提出了这样一个问题：在您的企业里，您最怕听到的一句话是什么？您最想听到的一句话又是什么？请将您心中的答案写在题板上。

此时，台下的观众开始交头接耳，窃窃私语，大家都在琢磨到底是什么话让老总那么害怕，又是什么话让老总那么高兴。

有人猜测说，老板喜欢听的话很可能是“我又拿下了一个大订单”“我们和某人的合作谈妥了”之类振奋人心的消息，而不喜欢听的话有可能是“我们的订单泡汤了”或者“我们的产品出现了问题”这样的坏消息。

就在大家议论纷纷时，只见那位老总不慌不忙地在题板上写下了这样的两行字：

我最怕听到的一句话：老板，这件事该怎么办？

我最想听到的一句话：老板，我们一定会有办法，您放心吧！

很显然，这位企业家所讲的第一种人所持的就是一种做事被动的消极态度，什么事都要亲自向老板过问，自己拿不定主意，没有主见。这些人往往让公务繁忙的老板们感到头痛不已。第二种人则给人一种充满阳光、充满希望的感觉，这种人做事积极主动，满怀信心，总是能够带着一种企业主人翁的精神去努力工作，并且往往能够超出老板们的期望。

其实，第一种人是将公司的事当成“事情”来做的人，第二种人则是将公司的事情当成“事业”来做的人，虽然只有一字之差，却差之千里。因为第一种人心中没有感恩的情愫，不懂得工作的来之不易，更没有想过老板给予自己的恩惠，这种人当然不可能将公司的事当成自己的事来做，所以，他们在做任何事时都显得消极被动。第二种人则深深懂得工作对于自己的重要性，只要态度积极，努力工作，当你的成果超过上司的期望时，你的前途就会无量。

王季平原本是北京某一家国企的工人，在国企改革中他下岗了。后来，在朋友们的介绍之下，他进入一家酒厂工作。王季平对这份来之不易的工作非常珍惜，做起事来也非常刻苦，他明显已经把新公司当成了自己的第二个家。更为难能可贵的是，他不仅对工作非常认真负责，还经常在关键时刻开动脑筋，为公司解决了很多难题。

一开始，公司仅仅只是派王季平去推销库存的白酒。望着库房中堆积如山的成品白酒，王季平并没有一句怨言，反而认为这是公司给他的一次机会，他立马开动脑筋，寻找解决问题的办法。

他开始在心中盘算：这百年老酒厂，向来是凭借质量取胜、深受各界人士欢迎的，而现在产品大量滞销，是由于产品已经不再适销，尤其是主要市场——北京及其周边的城郊各县消费水平正在不断地提高，饮酒的口味也发生了很大的变化，然而其他一些比较落后地区的白酒市场正有待继续开发。

于是，王季平毫不犹豫地带上了10箱白酒，由一位朋友相陪一起来到通辽等地。王季平每到一个地方之后，就邀请当地批发部门的领导一同品酒，还自作主张，允诺说可以赊销。公司当时所面临的情况是大量的欠款收不回来，但王季平自有他的好办法。在打通了主批发渠道之后，又将所带来的酒瓶商标送给了各个小饭馆、旅店、零售商作为招贴画。之后他又跑到各大商店里，在别人家的烟酒柜台上摆放一些比较美观的玻璃容器，在里面注满甘洌的白酒，顿时酒香飘满厅堂。许多消费者对此都感到非常好奇，并且在闻到了酒味之后，也非常有兴趣品尝品尝。于是，人们争相购买这种酒，各销售网点纷纷向批发部门要货，一时间白酒供不应求。这时，王季平便反过来要求批发部门以现金付款，另外还提价5%，原来，王季平所使用的是欲擒故纵的计谋。

公司领导很快了解到了这些情况，他们派人调查王季平进入公司以后的一贯表现，最终决定任命他为东北、内蒙古地区销售经理，负责东北、内蒙古地区的产品销售。王季平用他真诚的感恩之心和聪明才智回报了企业，也为自己争取到了一个光明的未来。

每个老板都希望自己身边有那么一两个能干的员工，作为自己的左膀右臂，遇到大事小情，还没等自己开口吩咐下去，就已经收到了事情圆满解决的消息。这种懂得积极主动做事的人不管到了哪里，都会大受欢迎，因为他们懂得感恩，由感恩而践行于实际的工作，这就是对公司、对老板最好的回报。“世间自有公道，付出总有回报”，相信从现在开始，如果你也能够做到积极主动地去工作，将任务出色地完成，你也会慢慢成为老板跟前的“红人”。

转变思维提高工作效率

世界上没有太难的事，只有不愿意动脑筋去思考事情应该怎样解决的人。在遇到问题和困难时，不要畏缩不前、甘为人后，要想尽一切办法去解决问题，改变现状。当所有的问题都迎刃而解时，你就会眼前一亮，胸中豁然开朗，仿佛自己的生活一下子从地狱升到了天堂。每当此时，你反而还应转过身来感恩于这些困境，因为正是这些困境使你积累了经验，为你提供了成长的机会。

有一名油漆推销员，为了发展新的客户，他专程找到一家用漆大户，打算亲自找到这家公司的采购经理谈一谈，希望他们能够购买自己公司的产品。

可是，接连几天登门求见，都被秘书拦截住了。当推销员调查了其中的原因之后才知道，原来这个星期六是经理儿子的生日，他这两天正忙着为儿子收集邮票作为生日礼物。当推销员弄清楚了其中的原委之后，心中便有了主意。第二天，他再一次前来求见经理而秘书仍然不让他进门时，这名推销员便对秘书说道："我这次并不是来推销油漆，而是来送邮票的。"于是，秘书便放行让他进去了。

当推销员走进经理的办公室之后，把自己收集到的很多珍贵邮票都放在了采购部经理的面前。这让经理兴奋不已，他根本顾不上问明来人的身份，就开始同面前这位推销员畅谈集邮的经验。两个小时的时间很快就过去了，当这名推销员站起身来向他告辞时，那个经理才终于如梦初醒，开口问他道：“真是对不起，我光顾着和您谈论集邮的事情了。您贵姓？为何事而来啊？”等他听完推销员简短的介绍之后，经理说：“好！明天请你带上你的合同前来见我。”

“不经历风雨，怎能见彩虹”，一个人如果在工作中得不到历练，很难变得成熟，因此，在困难面前不要轻易地退缩。只要你肯多动脑筋去思考，主动出击，总会找到解决问题的办法。

有一名营销高手，名叫贝特格，他曾经一度陷入生意的困境，这使他感到非常烦恼。然而，他走出困境的方法有些与众不同。在刚进入保险业时他还踌躇满志，但业绩一直不佳，他因此感到灰心丧气，本打算就此放弃。在某一个周末的早上，他开始认认真真地分析问题的根源，并打算假如理不出什么头绪的话，他就干脆辞掉工作改行。那一天，他向自己自问自答了这样几个问题：

问题到底是什么？

他开始回忆，有时候在与客户洽谈业务时，进展似乎非常顺利，但却往往是在即将要落单的关键时刻，客户突然就此打住，改说下次有时间的话再详谈。而偏偏就是这些所谓的下次再谈，耗费了他大量的时间和精力，从而使他产生了一种挫败感。

问题的根源究竟在哪里？

一直以来，贝特格都保持着一个非常好的习惯，做工作记录。于是，他拿出了最近12个月的记录，在做了一番统计分析之后，所得出的结果不禁令他茅塞顿开。他发现自己的生意有70%都是在首次与客户们的洽谈中一次成功的，还有23%的生意是在第二次洽谈中拿下来的，而只有7%的生意需要在第三次、第四次、第五次，或者更多的洽谈之后才能够成交。恰恰就是这7%的生意耽误了他太多的时间，把他搞得筋疲力尽、狼狈不堪。也就是说，他几乎每天都要花上半天的时间奔忙在这充其量只占7%的生意额上，其结果自然是得不偿失。

解决方案是什么?

当问题的根源被找到之后，解决的办法自然也呼之欲出了。贝特格立即快刀斩乱麻，将那些需要进行三次以上洽谈的生意一笔勾销，这样他就可以用节省下来的时间专门去挖掘那些潜在的客户了。最终的结果是，他所取得的业绩简直令人难以置信，在很短的时间内，他的成交额整整翻了一倍。

当所有的问题都迎刃而解，当你感到眼前变得海阔天空时，你所想到的，不是对曾经所遭遇的困难的抱怨和不满，而是从内心油然而生的感激。感激这些困难使你得到了锻炼，为你提供了成长的机会，让你变得更加坚强，能够以一种积极的心态去看待问题。

PART 08 第八章

优秀员工应有的素质

YOU XIU YUAN GONG YING YOU DE SU ZHI

每个企业在年终的时候都会对优秀员工进行表彰，那么，什么样的员工才能称之为“优秀员工”呢？那就赶紧进行下面的阅读来了解优秀员工都应该有怎样的素质吧！

优秀员工应拥有高尚的道德

对任何领域而言，道德是获胜的首要因素。仅有能力无法形成力量，将高尚的道德品质运用到实际行动中才能显出效果。

哈佛大学教授科尔斯说："品格胜于知识。""小胜在智，大胜在德。"一个德商高的人，一定会得到他人的信任和尊敬，也自然会有更多成功的机会。

古人云："得道多助，失道寡助。"不论我们在生活中还是在工作中，都要以道德来规范自己的行为，不断修炼自己，才能获得人生的成功。古今中外，一切真正的成功者，在德商上大都达到了很高的水平。

现实中的大量事实说明，很多人的失败，不是能力的失败，而是做人的失败、道德的失败。一切工作、事业上的成就，归根到底都源于做人的成就。所以，我国著名教育家陶行知先生说："千学万学，要学会做人。"

根据美国哈佛大学行为学家皮鲁克斯在《做人之本》一书中的观点："做人不是一个定下几条要求的问题，而是要从自己的根本开始，把自己变成一个以德为本的人，否则你就不会赢得别人的信任，更谈不上成功人生，反而会让人生早晚'塌方'的。"

的确，做人必须从"德"字开始，树立有德之人的品牌，这样才能成大事。其实品德对每一个人来讲都极为重要，尤其是对身居高位、垂范下属的管理者。品德由种种原则和价值观组成，它给你的生命赋予了方向、意义和内涵。品德构成你的良知，使你明白事理，而非只根据法律或行为守则去判断是非。正直、诚实、勇敢、公正、慷慨等品德，在我们面临重要抉择之时便成了首要因素。

许多人认为，成功靠天资、能力、人缘。历史却教导我们：从长远来看，“真正的自我”比“人家眼中的我”更为重要。美国建国的头 150 年，几乎所有关于成功和自我奋斗的故事，都着眼于当事人的德行。杰出人物像富兰克林和杰斐逊等都明确强调：人生须以德为本，才能有真正的成就和满足感。

修身不拘年龄，随时可以开始，要诀是自知自省，推己及人。从推己及人的观点而言，须先取得小我的胜利，然后才会有大我的胜利。如果你习惯从生活中的小事修炼自己的品性，那你将来就更有能力应付大事。

才能不足恃，唯有道德的力量战无不胜。对任何领域而言，道德是获胜的首要因素，仅有能力无法形成力量，将高尚的道德品质运用到实际行动中才能显出成效。

所以说，德商造就我们感恩的心态，指导我们正确地做事，引领我们正确地做人；德商，更是我们职业之树成长、铸就成功事业的根基。

《左传》中说：“太上有立德，其次有立功，其次有立言，传之久远，此之谓不朽。”最上等的，是确立高尚的品德；次一等的，是建功立业；较次一等的，是著书立说。如果这些都能够长久地流传下去，就是不朽了。这就是告诉我们，要以道德来规范自己的行为，只有道德优秀的人，才能得到人生的乐趣、生命的精彩。

优秀员工要拥有健康的体魄

健康不是人生的目的，而是最基本的条件。它就像一种不可再生的能源那样，一旦耗尽便不复存在。所以，无论何时都不要“透支”你的健康。

那么，什么是健商呢?

所谓健商，是健康商数的缩写，它代表一个人的健康状况及其对健康的认识。健商是一个建立在全新理念和健康知识基础之上的全面、综合的健康概念。它认为，一个人的情感、心理状态，以及生存环境和生活方式，都可能对他的健康产生直接的影响。因此，健商认为健康不仅仅是指没有疾病，更包括一个人良好的健康状况。从健商的意义上讲，良好的健康状况包括一个人存在的诸多方面：生理的、心理的，物质的、精神的，环境的、社会的，以及良好的生活质量。健商坚持“身心合一”的传统思想，认为身心之间的和谐关系是健康的基本组成部分。

正如一位管理学家所说：“心态是幸福的源泉，财富是价值的体现，健康是成功的本钱。”健康是成功人生的前提，也是人生成功的可靠保证。在职场上，纵使你有超常的智慧和能力，如果没有健康做保证，也无法取得成功。

人们对几年前的一部电影《蒋筑英》可能还记忆犹新，蒋筑英是我国著名的科学家，是事业上的成功者，但他最终因积劳成疾而英年早逝。

陕西省前作家协会主席路遥，创作小说《人生》时已身患重病，差点儿撒手人寰。为路遥治病的老中医劝他不要太玩命，但路遥却说反正时间不多了。几年后，一部反映中国当代青年成长经历的长篇小说《平凡的世界》问世，立即引起了轰动。《平凡的世界》成了新时期中国文学长篇小说领域里的制高点。然而不久以后，心力交瘁的路遥与世长辞。

青岛啤酒集团的前任总经理，被称为“中国啤酒行业的彭大将军”的彭作义，也是因工作的过度劳累严重影响了健康。在2001年7月一次游泳时，不幸因心脏病突发死亡，“壮志未酬身先死”。

我们到处可以看见，某些有作为、有智慧、有才能的青年男女，为不健康的身体所羁绊，壮志未酬。天下最大的失望，莫过于有志而不能酬，感觉到自己有着大量的精神能量，而同时没有充分的体力作为拼搏的后盾；感觉到自己有凌云壮志，却没有充分的力量足以实现它。这真是人世间最悲哀的一件事情！

许多人之所以饱尝“壮志未酬”的痛苦，就是因为他们不懂得如何去保持身体的健康，相反却是不断地用健康去换取成功。

虽然健康并非是人生的最终目的，然而却是最基本的生存条件。每个人都听说过“养精蓄锐”这个词，它应该在生活中被真正得以实现。金钱可以在短时间内积累起来，但是健康需要长久的规划。不要在失去健康、为病魔缠身之后，才恍然大悟，后悔莫及。旺盛的工作热情与精力不仅来源于精神力量，也来源于健康的体魄。

优秀员工要拥有高明的情商

丹尼尔·戈尔曼说："成功是一个自我实现的过程，如果你控制了情绪，便控制了人生；认识了自我，就成功了一半。"这句话同样适用于在职场中的你。如果你拥有了情商，你就可以让工作开展得更顺畅。

1995年10月，美国《纽约时报》专栏作家丹尼尔·戈尔曼出版了《情感智商》一书，把情感智商这一研究新成果介绍给大众，该书迅速成为世界性的畅销书。一时间，"情感智商"这一概念在世界各地得到广泛流传。

简单来说，情感智商是自我管理情绪的能力。和智商一样，情商是一个抽象的概念，情绪商数是一个度量情绪能力的指标。

戈尔曼在他的书中明确指出，情商不同于智商，它不是天生注定的，而是由下列5种可以学习的能力组成的：

（1）了解自己情绪的能力。能立刻察觉自己的情绪，了解情绪产生的原因。

（2）控制自己情绪的能力。能够安抚自己，摆脱强烈的焦虑、忧郁以及控制刺激情绪的根源。

（3）激励自己的能力。能够整顿情绪，让自己朝着一定的目标努力，增强注意力与创造力。

（4）了解别人情绪的能力。理解别人的感觉，察觉别人的真正需要，具有同情心。

（5）维系融洽人际关系的能力。能够理解并适应别人的情绪。

心理学家认为，这些情绪特征是生活的动力，可以让智商发挥更大的效应。所以，情商是影响个人健康、情感、人生成功及人际关系的重要因素。

10年前，莫奈还只是一个汽车修理工，当时的处境离他的理想差得很远。一天，他在报纸上看到一则招聘广告，休斯敦一家飞机制造公司正向全国广纳贤才。

他决定前去一试，希望幸运会降临到自己的头上。

他到达休斯敦时已是晚上，而面试就在第二天进行。

吃过晚饭，莫奈独自坐在旅馆的房间中陷入了沉思。他想了很多，自己多年的经历历历在目，一种莫名的惆怅涌上心头：我并不是一个低智商的人，为什么我老是这么没有出息？

他取出纸笔，记下几位认识多年的朋友的名字，其中两位曾是他以前的邻居，他们已经搬到高级住宅区去了。

另外两位是他以前的同学，扪心自问，和这四个人比，除了工作比他们差以外，自己似乎没有什么地方不如他们。论聪明才智，他们实在不此自己强。

最后，他发现，和这些人相比，自己分明缺乏一个特别的成功条件，那就是性格情绪经常对自己产生不良的影响。

城市里的钟声敲了三下，已是凌晨3点钟。但是，莫奈却很清醒。他第一次看清了自己的缺点，发现了自己过去很多时候不能控制的情绪，比如爱冲动、遇事不冷静，甚至有些自卑，不能与更多的人交往等。

整个晚上他就坐在那儿检讨，他发现自己从懂事以来，就是一个缺乏自信、妄自菲薄、不思进取、得过且过的人。他总认为自己无法成功，却从不想办法去改变性格上的弱点。

同时他发现，自己一直在自贬身价，从过去所做的每一件事都可以看出，自己几乎成了失落、忧虑和无奈的代名词。

于是，莫奈痛定思痛，做出了一个令自己都很吃惊的决定：从今往后，绝不允许自己再有不如别人的想法，一定要控制自己的情绪，全面完善自己的性格，塑造一个全新的自我。

第二天早晨，莫奈一身轻松，像换了一个人似的，满怀自信前去面试，很快，他被顺利地录用了。莫奈心里很清楚，他之所以能得到这份工作，就是因为自己的醒悟，因为自己有了一份坚定的自信。

两年后，莫奈在所属的公司和行业内树立起了名声，人人都知道，他是一个乐观、机智、主动关心别人的人。

在公司里，他不断得到升迁，成为公司所倚重的人物。即使在经济不景气时期，他仍是同业中少数可以有生意做的人。几年后，公司重组，分给了莫奈数目可观的股份。

可见，许多人一直在生活的底层苦苦跋涉，并不是因为他们的智商有问题，而是因为他们没有意识到情商在一个人成功道路上的重要性。

情商为人们走向事业的成功开启了一扇窗，它使人们摆脱了过去只讲智商所造成的无可奈何的宿命论态度。因为智商的后天可塑性是极小的，而情商的后天可塑性是很高的，个人完全可以通过自身的努力成为一个情商高手，从而到达成功的彼岸。

正如丹尼尔·戈尔曼所说："成功是一个自我实现的过程，如果你控制了情绪，便控制了人生；认识了自我，就成功了一半。"这句话同样适用于在职场中的你。如果你拥有了情商，你就可以让心中时时充满绿意。

优秀员工要有强大的心理素质

心态就是人们的内心活动，是一个思维的习惯状态，是人生情绪和意志的遥控器，它决定职场的方向和质量。

有三个清洁工在同一家公司工作，然而他们的心态却有着天壤之别。

其中有一个清洁工，工作非常认真，在他所负责的区域里，从来看不到一丁点儿脏物，哪怕是一点儿灰尘。人们经常看到他劳作的身影，还不时听到他工作时哼唱的小曲。

“你为什么这么快乐？”有一天，老板听到他的哼唱声时问道。

“我做好清洁工作，给人们一个舒适的工作环境，当然快乐啊！”清洁工人说。

非常朴实的语言，却令老板大感惊讶，他情不自禁地说：“你已做得很好了！”

“谢谢，我的工作就是把清洁做到最好！”清洁工说。

老板再次受到触动，他决定再去看看另外两位清洁工。

老板走到第二位清洁工旁边，看到他正在默默地工作，是那种不紧不慢的节奏，你看不出他喜欢这份工作，也看不出他讨厌这份工作。

“工作还开心吗？”老板问他。

“怎么？老板你要给我换份工作吗？”清洁工很惊讶，因为老板从来没有主动和他打过招呼。

“想换工作，那就是不开心啦？”老板说。

“老板，我想做更重要的工作，现在这份工作虽然说不上不开心，但也说不上开心。”清洁工说。

这时，老板注意到清洁工刚刚拖过的地板上还有一道污迹，他心里想：这种心态，怎能做好其他更重要的工作呢？他口里说“我考虑一下吧”，然后离开了，到第三个清洁工负责的区域里去了。

第三个清洁工一脸痛苦地坐在一个花坛边，眼神显得无比茫然，清洁用具胡乱扔在地上。看见老板来了，他几乎是吓了一跳，赶紧拾起扫帚，假装很认真地扫起地来。

老板早就听说这个清洁工做得很差，甚至有员工在他负责的卫生区域里因踩到果皮而摔伤。

“你不开心吗？”老板走过去，问清洁工。

清洁工一听这话，以为向老板诉苦的机会来了。他马上让自己的表情显得更痛苦：“谢谢老板关心啊，我确实太不开心了，在公司里，没有人看得起我们清洁工……”

他还没说完，老板就踩上了一堆稀泥，差点儿摔倒，他非常生气地打断清洁工的话：“像你这样做清洁工作，谁看得起你呢？”

第二天，公司下达了一份文件，成立了清洁工作组，上面提到的第一位清洁工做了组长，第三位清洁工则被辞退了。

这是关于心态的经典故事，它告诉我们：有积极的心态，就有积极的人生。心态决定我们的状态，状态决定我们的行为，而行为决定了我们最终的结果。有这样一句话：“积极的人像太阳，照到哪里哪里亮；消极的人像月亮，初一十五不一样。”其实心态的差距正是人与人之间命运的差距。谁在掌控我们的命运？正是我们自己！

只要你留心一下我们身边的成功者、企业家，翻看一下他们的传记或资料，你会发现：成功者不是因为有超凡的能力，而是因为他们有超凡的心态。漫漫人生路，谁都不会一帆风顺，都会遇到各种各样的困难与挫折，这时就要看他心商的高低。心商高的人将挫折、困难归因于个人能力、经验的不完善，他们乐意不断向好的方向改进和发展，遇到问题会去想解决问题的办法；而心商低的人则怪罪于机遇、环境的不公，强调外在、不可控制的因素造就了他们的人生位置，他们总是在抱怨、等待或放弃！所以，每个成功的人都会有他成功的道理，而失败的人也定会有其失败的原因。但要永远记住：你的态度决定了你的人生高度！

有专家指出，21 世纪是“抑郁时代”，人类面临较大的心理压力。据世界卫生组织公布的资料，全世界有 20% ~ 30% 的人患有抑郁症，而且这个比例正呈上升趋势。可见，提高心商、保持心理健康已成为时代的迫切需要。现代人渴望成功，而成功越来越取决于一个人的心理状态，取决于一个人的心理健康指数。从某种意义上来说，心商的高低，直接决定了人生过程的苦与乐，主宰着人生命运的成败。

优秀员工要拥有过人的胆识

无论是什么时代，没有敢于承担风险、敢于冒险的胆略和气魄，都成不了大气候，只有大胆开拓，你才会有更广阔的生长空间。历史上大凡成功的政治家、商人和企业家，从某种意义上说，都是具有胆略和魄力的。

美国大亨哈默18岁时接管父亲的制药厂，22岁就成为全球瞩目的实业巨子，其成功的奥秘之一就是具有足够的冒险精神。比如他和苏俄做生意，当时是1921年，十月革命后的苏俄粮食短缺，接着年成不好，闹饥荒。哈默听说列宁正在实行新经济政策，鼓励外商投资。当时西方世界对这个“红色国家”充满魔鬼般的恐惧，哈默却跃跃欲试。他先和苏俄做粮食生意，然后再将苏俄卖不出去的皮毛等货物运回美国，各取所需，哈默赚了一笔。后来他又果敢地在当地投资办企业。哈默一生的商业成就为人称赞，而他在苏俄的成功冒险尤其值得人们称道。

在激烈的市场竞争面前，企业之间的较量不仅是企业实力、产品实力等硬件的较量，还是胆识、冒险、创新等软件的较量。面对同样的市场，有的企业凯歌高奏，不断发展，有的却铩羽而归，最终消沉。两军相逢勇者胜。有些失败，并不是产品的失败，往往是企业决策者、经营者在机遇面前，在商机面前，顾虑重重、缩手缩脚、当断不断，结果错失良机以致功败垂成，归根到底就是因为缺少胆商。我们只有大胆开拓，才会有更广阔的生长空间。

20世纪30年代初，美国但维尔地区经济萧条，不少工厂和商店纷纷倒闭，被迫贱价抛售自己堆积如山的存货，价钱低到1美元可以买到100双袜子。

那时，约翰·甘布士还是一家织制厂的小技师。他马上把自己积蓄的钱用于收购低价货物，人们见到他这股傻劲儿，都公然嘲笑他是个蠢材。

约翰·甘布士对别人的嘲笑漠然置之，依旧收购各工厂和商店抛售的货物，并租了很大的货仓来贮货。

他妻子劝他说，不要购入这些别人廉价抛售的东西，因为他们历年积蓄下来的钱数量有限，而且是准备用做子女教养费的。如果此举血本无归，那么后果便不堪设想。

对于妻子忧心忡忡的劝告，甘布士笑过后又安慰她道：

“3个月以后，我们就可以靠这些廉价货物发大财了。”

甘布士的话似乎兑现不了。

过了10多天后，那些工厂即使贱价抛售也找不到买主了，他们便把所有的存货用车运走烧掉，以此稳定市场上的物价。

他太太看到别人已经在焚烧货物，不由得焦急万分，便抱怨起甘布士。对于妻子的抱怨，甘布士一言不发。

终于，美国政府采取了紧急行动，稳定了但维尔地区的物价，大力支持那里的厂商复业。

这时，但维尔地区因焚烧的货物过多，存货欠缺，物价一天天飞涨。约翰·甘布士马上把自己库存的大量货物抛售出去，一来赚了一大笔钱，二来使市场物价得以稳定，不致暴涨。

在他决定抛售货物时，他妻子又劝告他暂时不忙把货物出售，因为物价还在一天一天飞涨。他平静地说：“是抛售的时候了，再拖延一段时间，就会后悔莫及。”

果然，甘布士的存货刚售完，物价便跌了下来。他的妻子对他的远见钦佩不已。接着，甘布士用这笔赚来的钱开设了5家百货商店，生意也十分兴隆。

后来，甘布士的事业经营得非常成功，成为全美举足轻重的百货业巨子。

从这个故事中我们可以看到甘布士之所以成为商业巨子，除了他具有非同寻常的眼光和理性的头脑之外，更重要的原因在于他超凡的胆商。

众所周知，一棵大树只有长得足够高，才能拥有更广阔的视野；同样，工作中，我们只有大胆开拓，才会有更广阔的生长空间。

优秀员工要拥有精明的理财能力

个人需要运用财商指数把小钱变成大钱，企业需要运用财商指数创造利润，政府也要靠财商指数来筹措资金。可以说财商是个人与组织的赢利之源。

先看一个故事，从中我们会得到一些关于财商的启迪：

很久很久以前，一位有钱人要出门远行，临行前他把仆人们叫到一起并把财产委托给他们保管。依据他们每个人的能力，他给了第一个仆人10两银子，第二个仆人5两银子，第三个仆人2两银子。拿到10两银子的仆人把它用于经商并且又赚了10两银子。同样，拿到5两银子的仆人也赚了5两银子。但是拿到2两银子的仆人却把它埋在了土里。

过去了很长一段时间，他们的主人回来与他们结算。拿到10两银子的仆人带着另外10两银子来了。主人说："做得好，你是一个对很多事情都充满自信的人。我会让你掌管更多的事情。现在就去享受你的奖赏吧。"

拿到5两银子的仆人带着他另外的5两银子来了。主人说："做得好，你是一个对一些事情充满自信的人。我会让你掌管很多事情。现在就去享受你的奖赏吧。"

最后，拿到2两银子的仆人来了，他说："主人，您的2两银子还在这里，我把它埋在地里；听说您回来，我就把它掘出来了。"主人训斥道："你这个又蠢又懒的家伙，你浪费了我的钱！"

这个仆人原以为自己会得到主人的赞赏，因为他没丢失主人给的那2两银子。在他看来，虽然没有使金钱增值，但也没丢失，就算是完成主人交代的任务了。然而他的主人不这么认为，他不想让自己的仆人在等待中虚度年华，而是希望他们可以主动些，变得更杰出些。他想让他们超越平庸，其中两个人做到了——他们把赋予自己的东西增值了，只有那个愚蠢的仆人却是得过且过。

这就是著名的“马太效应”。如果老板出于信任，拨一笔资金让你经营一个项目，你首先不能使公司亏本，而且必须要让钱生钱，让自己创造出高于启动资金几十倍的财富来，如此你才算得上是公司的“摇钱树”，才能因此提升自己在老板心目中的地位，你才能够被提拔，被委以重任，成为公司不可取代的重要人物。

从这个故事中，我们也可以看到，如何赚钱，怎样赚到更多的钱，不仅是一门科学，更是一门艺术；不仅需要我们埋头苦干，还需要运用我们的智慧找到一条智慧的赚钱通道。这实际上就是理财能力的作用。

高智商是优秀员工的关键

美国作家爱默生说过："智慧的可靠标志就是能够在平凡中发现奇迹。"所以在职场中，我们应该善于让每一片智慧之叶都折射出灵悟的光芒，这样我们离成功就会越来越近了。

智商，是一种表示人的智力高低的数量指标。智商 = 智龄 ÷ 实足年龄 × 100。这是美国心理学家在 20 世纪中叶提出来的，几十年来这一概念极大地推动了人类智力的发展。

智商反映了一个人的观察力、记忆力、思维力、想象力、创造力等，是人们运用分析、运算、逻辑等理论解决问题的能力。智商有先天的因素，但更重要的是后天的开发和训练。美国心理学家威廉·詹姆斯认为："一个健康的人终其一生只利用了他固有能力的 10%。"还有人认为只利用了 4%或 6%，甚至更低。所以，美国《使用你的大脑》一书的作者拉尼·布赞教授说："你的大脑就像一个沉睡的巨人。"因而，要想提高智商，你就要不断地学习积累，要有自我开发的意愿和热情，形成自我开发的习惯，这是迈向成功的基本条件。

有这样一个故事：

有两个青年一同开山，一个青年把石块砸成石子儿运到路边，卖给建房的人；另一个青年直接把石块运到码头，卖给杭州的花鸟商人。因为这儿的石头总是奇形怪状，他认为卖重量不如卖造型。3年后，他成为村里第一个盖起瓦房的人。

后来，不许开山，只许种树，于是这里就成了果园。等到秋天，漫山遍野的鸭梨招来八方商客，因为这儿的梨汁浓肉脆，纯美无比。商客们把堆积如山的鸭梨成筐成筐地运往北京和上海，然后再发往韩国和日本。就在村里人为种鸭梨带来的小康生活欢呼雀跃时，曾经卖石头给花鸟商人的那个果农卖掉果树，开始种柳树。因为他发现，来这儿的商客不愁买不到好梨，只愁买不到盛梨的筐。5年后，他成为第一个在城里买房的人。

再后来，一条铁路从这儿贯通南北，当地人上车后，可以北到北京，南抵九龙。小村对外开放，果农也由单一的卖水果发展到开始谈论果品的加工及市场开发。就在一些人开始集资办厂的时候，还是这个村民，在他的地头砌了一座3米高、百米长的墙。这座墙面向铁路，背依翠柳，两旁是一望无际的万亩梨树。坐火车经过这儿的人，在欣赏盎开的梨花时，会突然看到4个大字："可口可乐"。据说这是500里山川中唯一的一个广告。墙的主人凭着这堵墙，第一个走出了小山村，因为他每年有4万元的额外收入。

20世纪90年代末，日本丰田公司的亚洲代表山田信一来华考察。当他坐火车路过这个小山村时，听到这个故事，他被主人公罕见的商业头脑所震惊，当即决定下车寻找这个人。当山田信一找到这个人的时候，他正在自己的店门口跟对门的店主吵架——因为他的店里的一套西装标价800元时，同样的西装对门就标价750元；他标价750元时，对门就标价700元。一个月下来，他仅仅批发出8套西装，对门却批发出800套。山田信一看到这种情形，以为被讲故事的人骗了。

但当他弄清楚事情的真相后，立即决定以百万年薪聘请故事的主人公，因为对门那个店也是他开的。

一个善于开启智慧头脑的人，一定是个善于发现机会和勇于开拓的人。懂得运用智慧的人，比只会埋头苦干、不善思考的人更受欢迎。故事中的主人公正是运用了自己的智慧而获得了成功。

这就是智慧的作用。正是这种智慧的光芒，使我们能够发展完美的职业状态。因此，寻求智慧的源泉，探求智慧的培养方式，提高智商的指数，就成为我们立志拥有完美人生的重要组成部分。

优秀员工要拥有独特的魅力

若你拥有较高的魅商，那么，你的职业之树将会结出饱满的果实。这是因为拥有较高的魅商，也就意味着你无形中拥有了一笔巨大的财富。

在工作中，我们常常看到，有些人身上好像具有一块磁石，总是能深深地吸引追随者，激发起人们的狂热情感，驱使着人们按照他们所指引的方向行动。这种巨大的感召力总是让人捉摸不透，似乎是天赐之物。其实这就是一种魅力，一种成功者的独特魅力。

宋庆龄是全世界人民公认的伟大女性，她除了拥有崇高的品质、高尚的人格外，还具有良好的仪表形象。

美国作家艾斯蒂·希恩曾在作品里这样描写她："她雍容高贵，却又那么朴实无华，堪称稳重端庄。在欧洲的王子和公主中，尤其年龄较长者的身上，偶尔也能看到同样的魅力。但对这些人而言，这显然是终生培养训练的结果，而孙夫人的雍容华贵与众不同，这主要是一种内在的魅力。它发自内心，而不是伪装出来的。她的胆略见识之高，人所罕见，从而能使她在紧要关头镇定自若，同时，端庄、忠诚和胆识又使她具有一种根本的力量，这种力量能够消除人们由于她的外表而产生的那种柔弱羞怯的印象，使她具有坚毅的英雄主义的影响力。"

拿破仑·希尔指出："有魅力的人，人人都爱和他交朋友；和有魅力的人相处总是愉快的，他好像雨天的太阳，能驱除昏暗。人人都乐于为他做事，他还能让一个人做别人连做梦都想不到的事。一个人能否成功与他的个人魅力有着密切的关系，那些能够成功地创造财富的人往往拥有与众不同的个性。良好的个人魅力是一种神奇的天赋，就连最冷酷无情的人都能受到他的感染。”

的确，生活中有些人，无论他的职位如何，不管他站在哪里，他总是能吸引一群人围绕在他的周围，不管他的头衔是什么，总是令人肃然起敬，渴望结交、认识他们。为什么会这样呢？就是因为他们具有独特的魅力。而这种独特的魅力正是魅商在他们身上散发出的一种光彩。

如果你也想让自己的魅力之花散发光彩，你就要注意培养自己的魅商。魅商虽然有先天的因素，但更重要的是后天的塑造和培养。也许你会说：“在我获得了事业成功之后，我就必然有了较高的魅商了！”但很遗憾，生活中的事并非如此，你必须在工作中，有意识地塑造你独特的魅力，这样才更有助于你提高魅商，从而助你获得事业上的成功。

好莱坞最成功的私人领导人之一肯克莱屋说：“明星是被塑造出来的，不是自然天生的。”无论一个什么样的成功者，演员、体育明星、学者、领导，乃至总统，他们所具有的独特魅力，无不是靠自己的努力塑造出来的。

在政治领域，个人独特的魅力使肯尼迪、里根、克林顿、希拉克、撒切尔夫人等人满足了选民对领袖形象的要求而连任。杰出的政治家都深刻地认识到个人魅力在选民中的重要影响，都雇有形象设计师及沟通交流专家、社会心理学家为他们塑造一个能表现自己最佳形象的模式，对自身影响形象的任何一个因素，包括服饰、发式、声音、手势、姿势、表情等都要精心地设计。

在西方政治家竞选时，竞选人的幕后策划班子里，四个最不能够缺少的专业人才之一就是形象设计师。他们的目的就是要让竞选人从上到下、从里到外都散发出独特的魅力。如果你不具备个人魅力，那么，无论你的政治观点多么深入人心，也会失去很多追求“魅力领导人”的选民。这样的例子在西方的商业界也数不胜数。

软件英雄比尔·盖茨同样十分注重自己的形象。他曾经请专家对自己的形象进行设计、包装与宣传。尽管人们已熟悉了比尔·盖茨平时随意甚至不修边幅的形象，但在重要的场合和时刻，比尔·盖茨是越来越注意形象了。

有一次，他将在拉斯维加斯发表演讲。演讲并不是盖茨的强项，为了使自己以更好的形象出场，使自己的演讲产生更大的影响力与传播力，比尔·盖茨专门请来了演讲博士杰里·韦斯曼为自己的演讲做指导。

韦斯曼在演讲辅导方面是一位专家，经验非常丰富，曾经帮助几个电脑公司的高层经理克服对演讲的恐惧感。他从盖茨的演讲词到手势、表情，都做了重新设计，他们在一起排练了12个小时。盖茨演讲时，熟悉盖茨的人都非常吃惊。只见盖茨一改往日懒散随意的形象，穿了一套昂贵的黑西服。他那尖锐的噪音虽然无法改变，但丝毫没有影响到他的演讲。结果，这场主题为“信息在你的指尖上”的演讲传遍美国，获得了巨大的成功。而盖茨的魅力值也迅速得到提升。

可以说，魅力是一个人的立身之本，是现代人获取成功的一项最重要的素质之一。所以，我们在日常工作中要多加注意对自己独特魅力的培养，只有这样才能让职业之树结出累累硕果。

PART 09 第九章

业绩是你最闪亮的名片

YE JI SHI NI ZUI SHAN LIANG DE MING PIAN

相信你曾经遇到过这样的事情，某人总是整天喋喋不休地说着自己是多么的优秀，但是在工作上却没有一点儿的业绩。那么，这个人肯定不是优秀员工，甚至他所谓的优秀也都是徒有其表。要知道在企业中你的优秀是用业绩来说话的。

用业绩证明你对公司的贡献

古罗马皇帝哈德良曾经遇到过这样一个问题：在他的手下有一位将军，这位将军已经跟随自己作战多年，有一天，这位将军觉得他应该得到提升，就来到皇帝面前提出了这个要求。

“我认为我应该升到更加重要的领导岗位，”他说，“因为我的经验非常丰富，过去我曾经参加过十次重要的战役。”

然而，哈德良皇帝并不认为这位将军有能力担任更高的职务，于是，他随便指了指拴在周围的战驴说道：“亲爱的将军，好好看看这些驴子吧，它们至少参加过20次战役了，可是它们仍然还是驴子。”

在职场也是这样，只讲结果，不讲过程。一个有业绩、能够为公司带来利润的员工才能够长久驻足，而一个不能够为公司带来业绩的员工，就算是其他方面再优秀，也迟早都会被淘汰掉。

在某家公司里有一名员工，他已经在这里工作了十年，然而薪水却一直也没有见涨。有一天，他终于无法掩饰内心的不满，便向自己的老板诉苦，老板说：“虽然你在公司里待了有十年了，但你的工作经验像是不到一年，你的能力也还只是新手的水平。”

这名不思进取的员工在他最宝贵的十年青春中，除了得到十年新员工的工资外，其他方面可谓一无所获。原因就在于，他虽然耗费了十年的光阴在公司里，却没有为公司带来任何有成效的业绩。每个公司都一样，不管员工们怎样去工作，最重要的是能够为公司带来明显的业绩。如果没有业绩，即使你再勤奋再努力，也不过是“竹篮子打水——一场空”罢了。

在职场上没有平凡的工作岗位，只有平凡的员工。那些在普通岗位上作出出色业绩的员工，迟早都会脱颖而出，受到领导们的赏识与关注。而那些在自己的岗位上兢兢业业地工作，在业绩上却没有丝毫成效的员工，是很难受到别人关注的。总之，每一个企业、每一个公司、每一个领导最为关注的，就是一个员工能否带来出色的业绩。业绩是延续企业生命的动力，如果没有业绩，一个企业、一个公司便难以继续运营下去，甚至导致破产或倒闭。所以，作为一名员工要想在一个公司长久立足，就要将自己的利益与企业、与公司的利益联系在一起，就要拿出高人一等的业绩来证明自己的与众不同。

美国著名企业家哈默曾经说过：“天下没有坏买卖，只有蹩脚的买卖人。”不错，同样做一种生意，总会有赚钱与不赚钱的区别，其关键就在于有没有动脑筋思考。那些懂得思考的人，总是会想出解决问题的好办法，毕竟方法总比困难多；而那些不懂得思考的人，只会一味地瞎干、蛮干，没有方法，没有目标，最终不过是徒劳无益、一场空忙而已。

在猪栏里关着两头猪，一头胖，一头瘦。栏的一端有一个踏板，每踩一下踏板，在远离踏板的另一端的投食口就会落下少量的食物。如果胖猪去踩踏板的话，瘦猪就有机会抢先吃到另一端落下来的食物；而同样，假如瘦猪去踩踏板的话，胖猪就可以坐享其成。

结果，瘦猪为了能够抢到更多的食物，拼命地去踩踏板，食物一落下来，它就冲过去把食物据为己有。当瘦猪气喘吁吁地从踏板跑到食槽的时候，食物早就已经成为胖猪的美餐了。于是，瘦猪只有再去踩踏板，如此反复循环，瘦猪忙于奔跑在踏板和食槽之间，却始终也吃不到一口食物，最终累死在猪栏之内。

很多人在职场中就像这只瘦猪一样，拼命地努力工作，却丝毫不见成效。尽管心怀抱负，尽管拥有能力，但就是没有业绩，根本无法证明自己在公司里的价值，究其原因，就是这种人没有开动脑筋去思考问题、解决问题。

一个百货公司的老板问一个新来的售货员："你今天服务了多少名客户？"

"一个。"

"只有一个？"老板有些惊讶地问道，"那你的营业额是多少呢？"

售货员回答说："6万美元！"

老板不禁大吃一惊，便让她为此做出解释。

"首先，我卖给他一个鱼钩，然后，又想办法推销给他鱼竿和鱼线。接着我又问他在哪儿钓鱼，他回答说在海滨，因此我建议他买一只自己的小汽艇，于是，他就买下了一条20英尺长的快艇。当他和我说起他的轿车很可能无法带走快艇时，我又带着他到机动车部买了一辆小卡车。"

老板非常惊讶地说："你竟然卖了这么多的东西给一位仅仅只想要买一个鱼钩的客户？"

售货员回答说："不，那个客户本来只是想要为他头痛的妻子来买一瓶阿司匹林的。我告诉他，他夫人的头痛除了服药之外，还更应该注意放松一下。现在，快到周末了，您可以考虑去钓鱼。"

这个故事虽然有些夸张，但它告诉我们：努力找出头脑中潜藏的宝藏，发挥其优势，你就有可能打造"神话"。不错，出色的业绩不是靠着盲目努力和蛮干就能够换来的，你还需要多动脑筋思考，找出问题的最佳解决办法，如果你能够做到这一点，那么，你自然存在的价值就体现出来了。

柯特大饭店是美国加州圣地亚哥市的一家历史悠久的老牌饭店，随着游客的数目越来越多，原有的电梯显得狭小而陈旧，于是，饭店的老板打算安装一个新式的电梯。他不惜花费重金聘请全国一流的建筑师和工程师，和他们一起商讨应该如何进行改建。

建筑师和工程师的经验都相当丰富，他们一起讨论的结果是，饭店必须重新改换一台大型的电梯。为了能够尽快安装好新的电梯，饭店必须停止营业半年时间。

“除了要关闭饭店半年时间，难道就没有其他的办法了吗？”老板紧皱着眉头说道，“要知道，这样做将给饭店带来很大的经济损失……”

“必须这样做，因为根本就不可能有其他的方案了。”建筑师和工程师坚持着说。

就在这时，饭店里的清洁工恰好在附近拖地，当她听到他们的谈话之后，马上停下手中的活儿，直起腰来，望着神色忧郁的老板和那些一脸骄傲自信的专家们，突然开口说道：“假如换上我的话，你们知道我将会如何来安装这个电梯吗？”

一名工程师瞟了清洁工一眼，带着不屑的语气问道：“你能怎么做？”

“我会直接在屋子外面装上电梯。”

“这是一个多么神奇的想法啊！”当工程师和建筑师听了这句话之后，如同醍醐灌顶，茅塞顿开，他们几乎诧异得说不出话来。

没过多长时间，这家饭店就在屋外装上了一部新的电梯。在建筑史上，这还是第一次在室外安装的观光电梯。

一名不起眼的清洁工却想出了专家们都没有想到的办法，这就是她与众不同的价值，就是她出色的业绩。世界上没有几个人天生就是笨蛋，关键看你是否肯多动脑筋思考，想出解决问题的最佳方案来，从而证明你在公司里存在的价值。

公司运转靠的是利润，而利润的创造靠的是员工。公司是员工创造业绩的战场，无论何时何地，没有做出业绩的员工，不但得不到器重，还会像一枚被弃用的棋子一样被淘汰掉。

老板只认业绩。员工希望老板给自己高薪，凭什么呢？最根本的是要看员工所做的工作能在市场上产生多大的业绩。

不管你在公司的地位如何，不管你的学历如何，你想在公司里成长、发展，实现自己的目标，都需要用业绩来实现你的梦想。只要你能创造业绩，不管在什么公司，你都能得到老板的器重，也能轻而易举得到晋升的机会。

在市场竞争激烈的今天，老板首先要考虑公司的生存与发展，而那些业绩斐然的员工，一定是老板心中分数最高的员工。

在工作中，我们常常能听到许多借口，有些员工为不佳的业绩找来一大堆理由，以推卸自己的责任。然而，感恩的员工绝不会这样做，他们把企业的事当成自己的事，对工作尽职尽责，出现问题会从自身找原因，而不是把责任推给外部环境。

一个懂得感恩的人，才会积极主动地投入到工作之中，努力寻找方法提升业绩，调动自己的全部才智，以出色的业绩吸引老板的注意力。这样才能得到公司的承认，才能在职场立于不败之地。

业绩体现员工的价值。考核员工能力的标准，是员工的业绩。企业只会看重员工所取得的业绩，除此之外，别无其他考核的准则。

不管你跑也好，跳也好，到达了目的地就是成功。在公司里也一样，在相同的环境、相同的条件下，只有创造出更多的业绩，你才能得到老板的赏识和器重。

追求成功永远是不变的真理。达到成功的方法各式各样，但选择怎样的方法去实现却可以忽略，最重要的是在规定的时间内达到目的。

没有人去注意过程，荣誉只会给予创造业绩的英雄。你技压众人，出类拔萃，获得大家一致的认同，你就是冠军。只有这时，你才有资格去谈论过程中的酸甜苦辣。

业绩就是员工的命根。没有业绩说什么都没用，与其抱怨客观原因，不如好好反省一下自己。因为抱怨虽然会减轻个人心中的不快和不满，却不能使人朝着积极的方向去发展。一个习惯将抱怨挂在嘴上的人，只会与成功渐行渐远，最终滑向失败的深渊。

更重要的是，抱怨是拖延的前奏，一个人一旦开始抱怨，自然会分散工作精力。如果陷入抱怨的深渊，就会产生一种对抗的心理，导致消极对待工作，以此来宣泄自己的不满。这样一来，能及时完成的工作，也会找借口拖延；能完美解决的问题，也留个小尾巴，刁难上司或同事。个人执行力的降低，自然影响到团队的执行力，整个计划就不可能按时完成。

无论身处什么样的环境，面对什么样的问题，都必须学会从自己身上寻找原因，抱怨和推脱不会有任何意义。细心观察，你就会发现，那些很少抱怨、自我反省更深刻的人，总是能够比其他人更有效地解决问题。问题对于这些人来说，不是阻碍和累赘，而是通往成功的基石。

一切要以业绩为导向。如果你在工作的每一个阶段，总能找出更有效率、更经济的办事方法，你就能提升自己在老板心目中的地位。公司不是慈善机构，获得赢利是不变的法则，要达到这一目的，就要创造出业绩来。

对员工而言，通过一系列财务数据反映出来的工作业绩，最能证明你的工作能力，显示你过人的魄力，体现你的个人价值。

企业永远是“利润至上”的，无论你是想加薪还是想提升，都需要拿出业绩来，只有好的业绩才具有最好的说服力。

对于一个企业来说，只有拥有可以创造佳绩的优秀员工，企业的发展才会蒸蒸日上。但是，如果不及时剔除过多平庸的员工的话，他们就会像烂苹果一样，迅速感染箱子里的其他苹果，而企业也就会慢慢被腐蚀掉。

事实上，每一个人的人生价值，都是伴随着工作的业绩才得以体现的，感恩与珍惜，得靠非凡的奋斗业绩来证明。如果没有业绩，再多的感恩与珍惜都会成为笑谈。因此，无论面对多么平凡的工作岗位，或再简单不过的工作，你都应该用心去做，在行动中赢得令人瞩目的业绩。只有这样，才能向大家证明自己，才能从平凡走向卓越，才能成就一番大事业。

在职场上，业绩就是你最有力的武器。只有不断努力，提高自己的价值，提升自己的业绩，才能成为名副其实的优秀员工。相反，只有花架子而无真本领的人，是无法赢得他人的尊重与赏识的。

抛开业绩，一切都是空谈。任何看起来华丽但无实际用处的外在因素，都不能够体现我们的内涵与价值。“事实胜于雄辩”，要证明自己的感恩之心与珍惜之情，突出的业绩永远最有说服力。

自身价值与你的业绩成正比

在职场中，业绩是检验一名员工合格与否或者优秀与否的标准。如果一名员工能够创造出让人满意的业绩，那么，即使他在其他方面略逊一筹也无伤大雅。然而，如果他在其他方面都做得不错，但业绩总是和别人相距甚远，那么，这名员工对公司来说就不会有太大的价值。总之，业绩才是一名员工在企业生存和发展的立足之本。有了一流的业绩，才会有一流的回报，如果没有业绩，就不会有任何回报。

有一个人，他非常聪明，也非常勤奋。他曾经在短短的三年时间里同时准备会计师资格考试、中文本科自学考试和律师资格考试，并且还在围棋上下了一番功夫。他也确实非常聪明，几个证书最终都考下来了，围棋也得到了业余段位。然而遗憾的是，这些和他的工作以及他的个人职业发展都没有什么关系。他粗心大意的性格使他根本就不适合从事会计师的工作；他也没有成为律师所必须的伶牙俐齿，况且他本人并不喜欢与人辩论；文学和围棋也只是他的业余爱好……更为严重的是，由于大量的精力都投入到了这些事情上，影响了他的本职工作，这一度引起老板的极大不满，甚至使他面临下岗的危险。非但如此，由于他太忙了，根本就没有时间陪女朋友，后来女朋友也与他分手了。最后，他自己反省说，他的失败就在于能够做成事，却不能选择正确的、自己真正需要的事情去做。

一个公司衡量一名员工的最终标准，不是他的学历，不是他的能力，也不是他的努力程度，而是他的业绩，只有业绩才能体现一名员工的价值所在。那些优秀的员工们，都是能够用出色的业绩来证明自己价值的员工。

在美国鞋业大王罗宾·维勒的工厂里发生过这样一件事情：那时，罗宾的事业仍然处于刚刚起步阶段，为了能够在最短的时间里取得最好的效果，罗宾特意组织了一个研究小组，安排他们制作了几种款式新颖的鞋子投放市场。没想到，由于鞋子出手较快，这些商家的订单竟然像雪片一样纷至沓来，以至于罗宾的工厂根本就忙不过来。

为了解决这个棘手的问题，工厂不惜花费大量的人力物力招聘了一批生产鞋子的技工，尽管如此，还是远远不能满足供货的需求。这让罗宾急得团团转，假如鞋子无法按照合同上规定的时间生产出来的话，工厂就不得不赔偿给客户一大笔款项，那对工厂来说无疑是一笔不小的损失。

于是，罗宾召集全厂的人在一起商讨对策，尽管主管们也都想了很多办法，但却没有一个能行得通。就在这时，场下有一位年轻的小工举起手来要求发言，罗宾向他点了点头。

“我个人认为，咱们的根本问题并不是要寻找更多的技工，因为即使不用这些技工也能够解决问题。”

“哦？不妨说说原因。”

“我们应该解决的问题是如何提高生产量，而增加技工只是手段之一，并且也是最没有效率的手段。”

在场的人都觉得这个年轻人的话听起来有点儿不着边际，然而罗宾却很重视，他鼓励小伙子继续讲下去。

于是，年轻人鼓起勇气大声说了一句：“我想，我们或许可以用机器来做鞋。”

机器来做鞋，这在当时可是从来也没有过的事情，年轻人的话不禁引来了大家的哄堂大笑，甚至有人站出来说：“孩子，用什么样的机器来做鞋啊？你能制造出这样的机器吗？”

遭到嘲笑的小伙子面红耳赤地坐下，然而，并不是所有的人都将他的话当成了一句玩笑。他的话深深触动了罗宾。罗宾接下来说：“非常不错！这位小兄弟真是指出了我们的一个思想误区。我们一直都把问题放在招聘更多的技工上，这位小兄弟却让我恍然大悟，我们真正应该解决的问题是如何提高生产效率。尽管这个年轻人不会制造机器，但他的思路非常重要，也非常有价值。因此，我决定，我要奖励给他500美元。”

于是，罗宾果然根据小工所提出的具有创意性的新思路，立即调集几位专家，组成了一个研究小组来研究生产鞋子的机器。过了四个月之后，他们果然生产出了制造鞋子的机器，从此，世界进入了用机器生产鞋子的时代。罗宾·维勒也由此成为美国著名的鞋业大王。

业绩是检验一切的标准，能够创造业绩的员工是公司里最为宝贵的财产。这样的员工总是会得到老板的青睐和赏识，而那些没有业绩的员工随时都有被老板解雇的可能。同时，作为一名员工，你必须清楚业绩与回报总是成正比的。有了出色的业绩才会有让人满意的回报，没有业绩，你也将一无所获。

业绩是一名员工工作的生命，是员工薪水的准绳，拥有较好的业绩是一名员工在一个公司里生存和发展的根本。而一个没有业绩的员工，无法为企业创造利润，也就不可能得到企业和上司的认可。那些拥有好业绩的员工，永远都是老板心目中难得的“抢手货”。

1956年，美国福特汽车公司推出了一款性能优越、款式新颖、价格合理的新车，但这款新车的销售业绩却平平，完全没有达到当初预期的效果。公司的经理们焦急万分，但绞尽脑汁也没有找到产品畅销的办法。

刚毕业的见习工程师艾柯卡是个有心人，在了解情况后他开始琢磨怎样能让这款汽车畅销起来。终于有一天，他灵光一闪，径直来到经理办公室，向经理提出了一个创意，即在报纸上登广告，标题是："花56元买一辆56型福特"。这是个很吸引人的口号，很多人纷纷打听其中的内容。原来，艾柯卡的方法是：谁想买一辆1956年生产的福特汽车，只需先付25%的货款，余下部分可按每月付56美元的办法分期付清。

他的建议被公司采纳了，而且成效显著。"花56元买一辆56型福特"的广告深入人心，它打消了很多人对车价的顾虑，创造了一个销售奇迹。艾柯卡的才能很快受到赏识，不久就被调往华盛顿总部担任地区经理，并最终坐上了福特公司总裁的宝座。

业绩是每一个员工最有力的价值证明，只有做出了出色的业绩，别人才能够看到你的价值所在，才能够对你的才能加以认可。否则，即便是你再有能力和才华，也无法将其量化到业绩中，那么，对于你的企业来说，你也不会是一名称职的员工。既如此，你又怎么可能成为老板眼中的明星呢?

工作中，在争取业绩方面，永远不要谦虚，永远不要甘为人后，要勇于争先，敢为第一。只有用与众不同的业绩来证明自己的价值，这样，你才能成为上司眼中难得的"抢手货"。你对于公司的价值与你取得的业绩是成正比的。

业绩关乎员工切身利益

企业的生存与发展决定着每一个员工的切身利益，只有企业发展好了，员工们才能够从中获益。因此，你要懂得多为企业的整体利益着想，更要付出自己的实际行动，多为企业赚钱。因为从另一方面来讲，为企业赚钱其实也就是在为你自己赚钱。

虽然参加工作已经有几年了，自己在能力上也得到了很大的提高，然而，从事销售行业对于刘凡来说确实还是第一次。在公司内部人员进行了重新调整之后，刘凡从技术部门调到了销售部门。虽然刘凡对销售部的一切还不是很熟悉，然而，他仍然对未来充满了信心。他坚信只要自己能够做出业绩来，未来的前景就是美好的。

刘凡所在的公司是一家服装公司，当他被调来后不久，这家公司的生产车间就出现了一个比较严重的问题。有一批男装针织外衣由于没能做好缩水测试，从而导致一批男装针织外衣大部分出现缩小的情况，以致根本无法发货。而一旦这批制成品作废的话，将为公司带来很大的损失。因此，公司领导赶紧召集相关人员，连夜商讨解决这个问题的办法。

在公司的讨论大会上，大家议论纷纷、各抒己见，但大部分人所提出的却都是以次充好或者干脆提出把这些次品卖掉，这些意见老板觉得没有一个是合适的。就在大家都感到无计可施的时候，刘凡举手站了起来，他提出要将全部缩水的成衣都重新加工，依据实际的尺寸制成比例相当的童装，这样做一方面可以减少公司的经济损失，另一方面，也可以使公司的名誉免受损害。他的这个建议很快就得到了老板的认可。老板马上决定由技术部负责设计，刘凡则负责监督和联系销售。

没用多长时间，这批童装就制成了，然而刘凡在检查的时候，发现其中仍旧有相当一部分服装不合格，存在着很大的问题。因此，他不顾其他人的反对，坚持要重新加工，为此他得罪了不少人。老板在知道了这件事情之后，亲自找他谈话，他拍着刘凡的肩膀说："你的做法是正确的。公司的名誉和牌子才是最重要的，假如再有什么问题的话，就让他们直接来找我。"

在老板的支持之下，刘凡的返工要求得到了顺利执行，制成之后的童衣也很快就找到了销售商，而且销量也非常不错。就在这次歪打正着之后，公司又建立起了童衣制作车间，进一步扩大了生产规模。刘凡也由于这一次的出色表现赢得了老板的嘉许，并获得了丰厚的奖赏。一年之后，他荣升为部门主管。

刘凡用自己的实际行动为公司创造了明显的业绩，带来了可观的效益，因而得到了老板的奖励。他的这种做法正是将为公司赚钱、为公司的利益着想放在为自己赚钱、为自己的利益着想之前，从而赢得了出色的业绩。

身在职场，企业一点儿小小的变动都关乎每一名员工的利益。因此，只有正确地看待整体与个人的关系，将自己的利益与企业的利益紧密联系起来，明确为企业赚钱就是为自己赚钱的理念，才能使自己的能力得到充分的发挥，才能真正创造出高人一等的业绩。

王兵在大学毕业之后到一家保险公司做了一名业务代表。保险业务员可以说是一项让人非常头痛的工作。很多人都对保险业务员敬而远之，因此，王兵感到自己的工作开展起来非常不顺手。

办公室里其他业务员整天对自己的这份工作抱怨个不停："假如我能够找到更好的工作，我肯定不会在这里继续待下去，每个月才拿那么一点儿薪水。""做保险这一行根本就赚不到什么钱，每天还都要累死累活的。"当然了，这些人都只能拿到最基本的薪水。只有在业务部经理的再三催促下，或者是在"胡萝卜加大棒"的政策下，他们才会有一点点的进步，否则几乎就是在原地踏步甚至是在退步。

然而王兵和其他人不一样。虽然王兵对自己所处的现状也感到非常不满意，和大家一样，薪水也不高，然而他没有就此放弃。因为他知道，如果想要拿到较高的薪水，只有拓展公司的业务，抱怨不会产生任何的效果。王兵相信，努力是没有错的，只有自己努力为公司赚钱，才会获得高薪。

于是，王兵主动出去寻找客户源。他总是将公司里的各项业务情况以及同类公司的业务牢牢记在心里，介绍它们的不同之处，让客户们自己做出选择。虽然有一些人非常希望能够了解一些保险方面的常识，然而，对保险业务的反感使他们在这一方面的知识非常欠缺。王兵在了解了这些情况之后，主动在社区办起了"保险小常识"讲座，免费为大家讲解保险方面的知识。

当人们对保险知识有了越来越多的了解之后，对王兵的印象和态度也有了转变。这时候，王兵再不失时机地向这些人推销保险业务，大家不但没有反感，反而还很乐于接受。王兵的业绩很快就有了突飞猛进的增长，从那以后，他的薪水和职位也都有了大幅度的提高，有时甚至还会出现月薪过万的情况。

业绩是一个企业的生命，也是一名员工是否还能继续在一家公司供职下去的根本，而这种业绩所指的就是你是否能够为公司带来效益、是否能够为企业赚到钱。如果你有了明显的业绩，为公司带来了丰厚的利润，那么，你自然也会得到很好的回报。

汉斯和诺恩是一对在车间工作的好伙计。每次当下班的铃声响起时，诺恩都是第一个换上衣服，迅速地冲出厂房。而汉斯往往都是最后一个离开，他非常认真地做完自己的工作，还要把车间收拾一下，直到确定车间里没有了任何问题之后，才关上大门离开。

有一天，诺恩和汉斯在酒吧里喝酒，诺恩忍不住对汉斯说："你让我感到非常难堪。"

"为什么？"汉斯不禁感到有些困惑不解。

"因为你这样很容易让老板认为我工作不够努力。"诺恩停顿了一下之后，又接着说道："你要清楚，我们不过都是在为别人工作。"

"是的，你说的没错，我们是在为老板工作，但对我来说，更多的是在为自己的梦想工作。"

一个人对自己的工作抱以怎样的态度，他就会付出怎样的行动，进而就会得到怎样的回报。那些总是认为自己在为别人打工的人，不会将自己的全部精力都投入到工作当中，更不可能将自己的工作做好。这样的人对工作敷衍了事，既不可能取得任何的业绩，也不可能为公司带来任何的效益。

张燕在一家服装公司做销售工作，她的业绩一直都非常不错。近来一段时间，她所在的公司为了开拓第三市场——房地产业，上级领导决定减少服装的生产量，想要大量裁减员工，以便压缩成本。因此，所有员工都面临着被裁掉的危险。

在销售部，将有一半的人员被裁，这让销售部的所有人都感到不安。大家平常的工作业绩都差不多，该让谁走人又让谁留下呢？面对这种火烧眉毛的状况，张燕却不慌不忙，镇定自若，似乎裁员的事情跟她一点儿关系也没有。

最后，裁员名单的结果下来了，销售部的人员被裁掉了一半，就连副主管也被辞掉了，他的位置是由张燕来接替的。

原来，张燕在平常的工作中就非常卖力，她十分认真地整理客户的资料，总是利用业余时间学习编程工作，为公司建立了一个庞大的客户数据库。这个数据库的建立为销售渠道的规范化提供了科学的依据，极大地提高了工作效率。早在一个月之前，张燕就曾向主管递交了这份重要的数据资料，很快便得到了公司领导的认可，并即将付诸实施。

张燕升职之后，除了努力扩大国内市场之外，还积极联系境外的客户。当他们第一次与意大利出口贸易商签单时，总经理发现张燕竟然能够用一口流利的意大利语与客户交谈，不禁对她刮目相看。很快，张燕就被提升为公司的副经理，成为公司里不可或缺的骨干人员。

要时刻铭记：你不是在为别人工作，而是在为自己工作。你的薪水也不是由别人来定的，而是你为自己定的，也可以说，是你的业绩决定着你的薪水。只有拥有了出色的业绩，你才能拥有不菲的薪水，如果没有业绩，高薪水根本就无从谈起。

超越自我才能不断创造佳绩

每个人的身上都有着一定的局限性，如果我们不能打破自身的局限，必定会使自身的发展受到一定的影响和限制。只有突破这种心理上的局限和障碍，我们才有可能达到既定的目标。

有一次，一位很有名气的逃脱大师被邀请到一个小镇上去表演。演出非常成功。精彩的表演让台下所有观众都为之痴迷。等到演出全部结束之后，小镇上的居民仍然感到意犹未尽，于是，大家便又给这位大师出了一个节目。大师并未拒绝，欣然答应了下来。

小镇上的居民搬来了一个用铁皮制成的大箱子，箱子上只有一扇门，在门里锁了一把锁。箱子的顶端有一个洞，洞的大小刚好仅供一个人进出。大家提出要大师从上面的洞钻进去，之后将里面的锁打开，再从那个铁箱子里走出来。

大师首先仔仔细细地对那把锁进行了反复的观察，那是一把非常普通的锁，比他以前任何时候所开启的锁都更加简单。大师非常自信地笑了笑，然后钻进了箱子，示意人们精彩的演出即将开始。

大师一开始用了一些他经常用的方法企图将那把锁打开，然而这些办法却都没能奏效。接着，大师又试着使用了另外一种方法，然而这把锁就好像是故意在和他作对一样，仍然丝毫没有动静。大师不得不静下心来，试着换了一个又一个方法企图将那把锁打开。

直到过了一段时间之后，箱子依然没有任何动静，大师以往的方法已经用得差不多了，甚至连绝招也都用过了，但仍然没有将锁打开。他急得满头大汗，就连双手也已经发抖了：“真是见鬼，怎么会打不开呢？”就在大师感到绝望的时候，他一下子瘫倒在地上，无可奈何地望着眼前的这把锁。

这时候，他的双脚刚好碰到了铁箱子的门，只听那门竟然“吱”的一声开了，一束亮光从外面照射进来。原来，这门根本就没有上锁！这只不过是小镇上的居民和大师开的一个玩笑罢了。

实际上，这扇门并没有上锁，所以自然无法开锁。大师失败的原因就在于他太专注于这把具有象征意义的锁了，这其实就是他的思维定式和先入为主的观念害了他。他认为，只要是锁，就一定是上着的。因此，他的目标在不知不觉中由“逃生”转变成了“开锁”，事实上，并不是门上了锁，而是他的心上了锁。

在我们的生活和工作中，有很多人的心里都有着一把锁，这种无形的锁其实才是最可怕的。因为它不但锁住了我们的智慧，还扼杀了我们的想象力，使我们的思维陷入一种无法扭转的僵化状态，从而形成了心灵上的桎梏。

1972年，新加坡旅游局给总统李光耀打了一份报告，报告的大意是：我们新加坡和其他国家不一样，因为我们不像埃及有金字塔，不像中国有长城，不像日本有富士山，不像夏威夷有十几米高的海浪。我们新加坡除了有一年四季直射的阳光之外，什么名胜古迹都没有，想要发展旅游事业，实在是难啊！毕竟“巧妇难为无米之炊”。

李光耀看过了这篇报告之后，感到异常气愤。随后，他在报告上批下了这样一行字：你想让上帝给我们多少东西？阳光，阳光就够了！

后来，新加坡利用那一年四季都直射的阳光，到处种植花草，在极短的时间内，就发展成为世界上著名的“花园城市”，新加坡的旅游收入连续多年位列亚洲第三位。

这个世界上的很多事情其实并没有我们所想象得那么复杂，只不过是我们人为地将其复杂化了。我们总认为自己无法克服眼前的困难，逾越眼前的障碍，因此，在我们还没有真正付出实际行动去解决困难之前，我们已经在困难面前止步了。

有一个农夫，他拥有一块土地，生活得非常不错。然而，他听说这世上有一块土地的地底下埋藏着钻石，谁要是得到那块钻石就会富得流油。于是，这个农夫把自己的土地给卖了，之后他离家出走，到遥远的地方去寻找那可以发现钻石的土地。但这名农夫在遥远的异国他乡却一无所获，并没有发现自己想要的钻石，最后，他一贫如洗。一天晚上，农夫在海滩上自杀身亡。

之后有一天，那个买下农夫土地的人在散步的时候，无意中发现了一块与众不同的石头，他拾起来一看，地上这块石头光芒四射、晶光闪闪。他把这块石头拿给别人去鉴定，结果发现这块石头竟然是块钻石。就这样，在农夫卖掉的这块土地上，新主人发现了从来都没有被人们发现的最大的钻石宝藏。

这个农夫之所以没能够找到宝藏，并不是他缺乏找到宝藏的机会和环境，而是因为他无法突破自己心理上的局限。他总认为宝藏在遥远的地方，却忽视了眼前唾手可得的东西。我们很多员工在工作中也是一样，总要将眼光放得很远，常常忽略自己手边的工作，这些都是自己在为自己设限。这种局限性必定会使一个人才能的发挥受到影响和限制，因此，我们在工作中必须学会战胜自己，只有战胜自己才能超越自己，才能打破自身的局限，提升自己的业绩，从而让业绩成为自己加薪晋职的砝码。

在威斯敏斯特教堂地下室里，英国圣公会主教的一座墓碑上写着这样一段话：

当我年轻自由的时候，我的想象力没有任何局限，我梦想改变这个世界。

当我渐渐成熟明智的时候，我发现这个世界是不可能改变的，于是我将眼光放得短浅了一些：那就只改变我的国家吧！但是我的国家似乎也是我无法改变的。

当我到了迟暮之年，抱着最后一丝努力的希望，我决定只改变我的家庭、我亲近的人——但是，哎！他们根本不接受改变。

现在，已经是我临终之际，我才突然意识到：假如一开始的时候我只改变自己，接着我就可以依次改变我的家人；然后，在他们的激发和鼓励之下，我也许就能改变我的国家；再接下来，谁又知道呢？也许我连整个世界都可以改变。

这段话是一个不知名的智者对自己一生的概括。

实际上，不管是在人生的路上，还是在工作的过程中，如果长时间达不到我们想要达到的目标，我们就应该静下心来好好地思考一下，找找其中的原因了，往往这些问题的症结就在我们自己身上。一个人想要认识到别人身上的缺点很容易，要想认识到自己身上的缺点就不那么容易了。所以，我们要从改变自身开始做起。

原一平是一家保险公司的推销员，虽然他在工作上表现得一直都很勤奋，他的收入却少得可怜，甚至租不起房子。

有一天，他来到一座寺庙，向寺庙中的住持介绍投保的好处。这位老和尚非常有耐心地听他从头到尾把话讲完，之后平静地说："你的介绍根本就无法引起我的兴趣。人与人之间，就像这样相对而坐的时候，必须要具备一种强烈的吸引对方的魅力。假如你做不到这一点的话，你就不会有什么前途可言。”

从寺庙里走出来之后，原一平若有所悟。接下来，他赶紧找到几位朋友组织了专门针对自己的“批评会”，请同事或客户们吃饭，目的就是让他们指出自己的缺点。

“你的缺点就是太急躁了，沉不住气。”

“你还有些沉不住气，往往听不进去别人的意见。”

“你所面对的都是形形色色的人，所以你一定要有丰富的知识，一定要加强进修，以便能够尽快与客户们找到共同的话题。从而拉近彼此之间的距离。”

……

他把这些可贵的忠告全都一一记录了下来。通过一次次的“批评会”，他将自己身上那一层又一层的缺点全都一点一点地剥落了。

与此同时，他还总结出了能够表达出各种心情与意义的39种不同的笑容，之后再对着镜子反复地练习。

他感觉自己就像是一只蚕，伴随着时光的流逝，慢慢地蜕变着。一直到了1939年，他的销售业绩已经荣膺全日本之最，并且从1948年开始，他连续15年都保持着全日本保险销售量第一的好成绩。1968年，他成为美国百万圆桌会议的终身会员。

在工作中，当你的业绩长时间不见起色时，不妨也像原一平那样，从自己身上找找原因。最终你会惊异地发现，在前进的道路上，我们身上还有很多缺点和不足有待改进，而这些正是制约我们工作进展的障碍。因此，赶紧从现在就开始努力，从改变自己做起，将自己身上的缺点和不足找出来，一一改正，那么，你的工作必定会取得巨大进展，你前进的道路会变得畅通无阻。

在困难面前，只要你挺起胸膛，勇于挑战，就没有什么问题是解决不了的。

20世纪70年代中期，日本的索尼彩电在其本土已经算得上是家喻户晓了。然而，这个品牌在美国却遭到了人们的冷遇，销路极其不畅，被索尼公司派往美国的负责人，一个个都无功而返。这一度使索尼公司的领导层束手无策，急得团团转。

后来，有一个叫卯木肇的人担任了索尼国际部的部长。在他上任不久之后，主动请求去美国开拓市场，使公司摆脱困境。他的请求很快得到了上级领导的批准。当卯木肇一路风尘赶到芝加哥时，他惊奇地发现，索尼彩电竟然在当地的寄卖店里布满了灰尘，无人问津。

究竟怎样才能改变这种状况呢？卯木肇冥思苦想起来。一次偶然的机会，他开车到郊外散心，看到一个牧童正赶着一头大公牛进牛栏。大公牛的脖子上系着一个铃铛，铃铛在夕阳的余晖下发出叮当叮当的声响，一大群牛跟在这头公牛的后面，温驯地一步步走进牛栏……

卯木肇不禁心中豁然开朗：牧童利用“带头牛”可以制伏一大群牛，自己为什么不在芝加哥找个“带头牛”商店呢？他很快把目光瞄准了芝加哥最大的电器零售商——马歇尔公司。几经周折，卯木肇终于见到了马歇尔公司的总经理。总经理给他提出了两点要求：一是改变索尼彩电的形象，因为索尼彩电在美国采取降价销售的策略，形象太差；二是完善索尼彩电的售后服务，因为马歇尔公司认为索尼彩电的售后服务跟不上。

对马歇尔公司提出的以上两点要求，卯木肇立即着手解决。他取回了寄卖店的货品，取消降价销售，重新刊登大幅广告，打算重塑索尼彩电的形象，并成立了索尼彩电特约维修部，全面负责产品的售后服务工作。

经过卯木肇这一系列的动作之后，马歇尔公司终于同意试销两台索尼彩电，开出的条件是：如果在一周之内卖不出去，就立即将其搬走。为了能够开个好头，卯木肇亲自挑选了两名得力的干将，要求他们破釜沉舟，假如一周之内这两台彩电仍然卖不出去，他们就不用再回公司了。

这两个人果然不负众望，当天下午四点钟就给卯木肇带来了好消息，马歇尔公司又追加了两台。至此，索尼彩电总算是挤进了芝加哥的“带头牛”商店。随后，当进入家电销售旺季时，在短短一个月之内，马歇尔公司就卖出了700多台索尼彩电，索尼和马歇尔的合作获得了双赢的局面。

自从有了马歇尔这只“带头牛”开路之后，芝加哥市的100多家商店都对索尼彩电另眼相看。在不到三年的时间里，索尼彩电在芝加哥的市场占有率达到了30%。

如果你也希望能够在自己的事业上取得突飞猛进的发展，就必须具备卯木肇的那种精神，在公司遇到困难的时候，不退缩，不找借口，而是主动出击，勇于挑战自我，担当起责任。当你能够为公司带来出色的业绩和不菲的利润时，你自己也会从中受益，距离事业上的成功也就不远了。

创造佳绩不走寻常路

在工作中，我们往往会遇到这样或者那样的困难，而在某些困难面前，我们常感到不知所措、一筹莫展。实际上，这时我们往往陷入了思维定式中。其实，只要我们能够打破这种局限，总会找到解决问题的办法。

夏天已经过去了一大半的时间，某家商场的仓库里却仍然积压着大量的衬衫。照此下去，这个季度的销售计划必定无法完成，商场甚至还会出现亏损的现象。这让商场经理布拉斯感到心急如焚，他思考了很长一段时间，终于想出了一个好办法。他拟写了一则广告，并吩咐售货员说道："未经过我的许可，不论是谁都只能买一件衬衫！"

五分钟的时间还没到，就有一名顾客无奈地走进经理的办公室说道："我想多买几件衬衫，我家里的人口很多……"

"哦，这样啊，这确实是一个问题，"布拉斯的眉头紧锁，沉吟了一会儿，过了好半天才好像终于下定了决心似的，问那名顾客道，"您家里有多少人？您准备买几件？"

"五个人，我打算给每个人都买一件。"

"那依我看不如这样吧，我先给您拿三件，过两天假如公司还会进货的话，您再过来买另外两件，您看怎么样？"

这名顾客不由得喜出望外，他连连称谢。就在他刚刚走出办公室门的时候，另一名男顾客便怒气冲冲地闯进办公室大声地叫嚷道："你们凭什么要限量出售衬衫？"

"根据市场的需求状况和我们公司的实际情况，"布拉斯毫无表情地回答着，"不过，假如您确实有需要的话，我可以破例多卖给您两件。"

服装限量销售的消息不胫而走，很多人听到这个消息之后都慌忙前来抢购，以至于商场门口竟然排起了长长的队伍，要靠警察来维持秩序。

到了下午的时候，布拉斯又想出了一个办法：购买衬衫就送纸扇。到了傍晚，所有积压的衬衫被抢购一空，该季的销售任务竟然超额完成了，布拉斯的脸上不由得露出了开心的笑容。

工作中，并不是你努力了，你的业绩就一定会得到提升，有时候工作方法比努力更重要，所以，我们应该学会换一个角度、换一种方法去看问题，这样，我们往往可以从中得到意外的收获。

日本有个叫吉田正夫的人。有一次，他去外地省亲，在市集上看到一个渔民在摆弄一种小虾，这种虾不是用来吃而是用来观赏的。原来这种虾产于日本的南方，自幼就习惯于成双成对地生活在石缝中，长大后已无法从石缝中游出来，就这样在石缝中度过一生。渔民根据这种虾的特性，捕捞后，把它们一对对放在稍做加工的石缝中，注入清水，略加装饰，作为观赏性的小动物出售。

但吉田正夫更进一步地想，这些小虾成双成对地在石缝中生活一辈子，不是可以作为爱情专一的象征吗？吉田正夫顾不得省亲，急忙赶回东京，经过一番筹划后，在东京开了一间结婚礼品商店，专卖这种小虾。

吉田正夫经过精心设计，使用一种小巧玲珑的玻璃箱，将人工制作的假山石置于其中，作为小虾的"房子"，再装饰一些水生植物，注入清水，让虾在“石房子”内生活得十分安逸。纪念品上还附有简短的说明，把小虾从一而终、白头偕老的故事描绘得真切动人。许多新婚夫妇见了后都会买一件带回家，甚至很多老夫老妻也纷纷买一件回去留作观赏和纪念。

同一种东西，换一种方式和角度去经营，收到的效果就会完全不一样。小虾依旧是原来的小虾，但加上一个寓意之后，产品就变得好玩起来，从而一下子吸引了顾客的眼球，成了抢手货，身价倍增。

同一种事物，在不同的人眼里，或者在不同的环境里，往往会有不同的价值，关键还要看你怎么去运作和经营。

常规的思路不一定就是出路，有时候恰恰是这些常规的东西，阻碍了我们的思维。因此，在工作中，我们只有打破这种常规，才能够取得更好的发展。

不思进取永远无法取得成功

如果你身在职场，不管你现在是否已经取得了一定的成就，你都要始终坚持积极进取的精神，再接再厉，这样你才能不断地达到一个个辉煌的新顶点。要知道，人都是有惰性的，如果你任凭自己的惰性支配着自己，不求上进，那就无异于慢性自杀，迟早会在职场中尝受到“安乐死”的滋味的。

有一个小和尚在寺庙里担任撞钟之职，他每天必须在早上和黄昏各撞一次钟。可是这样坚持了半年之后，小和尚感觉撞钟的工作简单又枯燥，备感无聊。于是，他就抱着“做一天和尚撞一天钟”的消极态度，对自己的差事应付了事。

有一天，寺院里的住持突然宣布要将这名小和尚安排到后院去劈柴挑水，原因就是他根本无法胜任撞钟的工作。小和尚感到莫名其妙，就非常不服气地问住持说：“难道我撞的钟还不够准时、不够响亮吗？”

住持回答说：“你的钟撞得固然准时，也非常响亮，但是你撞出来的钟声听起来空泛、疲软，没有任何感召力，因为你在心里没有理解撞钟的意义。钟声不仅是寺庙里作息的准绳，更重要的是它要能够唤醒沉迷的众生，因此，钟声不仅要洪亮，还要圆润、浑厚、深沉、悠远。一个人如果心中无钟，即是无佛。如果他不虔诚，又怎么能够胜任撞钟的职位呢？”

小和尚听完了住持的教诲之后，不禁面有愧色，他无话可说，只好去后院劈柴挑水了。

这个故事中的小和尚本来拥有一份令其他和尚都十分羡慕的“撞钟”工作，然而，他自己并不懂得珍惜。在日复一日的光阴流逝里，小和尚不再像当初那样珍视自己的工作，而是对自己的工作感到枯燥乏味，进而怠慢工作甚至应付了事，变成了人们口头常说的“做一天和尚撞一天钟”。最终由于失职他被调到后院去劈柴挑水。现实中有相当一部分职场人士就和这位小和尚的境遇一样，本来自己拥有一份十分不错的工作，却身在福中不知福，不但不懂得感恩和回报，反而认为这是理所当然的，甚至于对自己的工作不屑一顾，应付了事。这种在工作中不求上进也不懂得进取的人，最终的结局也会像小和尚一样，不是被调离就是被淘汰，只有那些积极努力、不断地改进自己和自己工作的人，才会成为企业最需要的人。

有一家企业要竞聘一名高级技师，张茜是一名毕业还不到半年的大学生，进入这家企业工作的时间还不长，但她也跃跃欲试。她自恃是一名名牌毕业的大学生，理论知识也掌握得比别人强，论学历、论头脑自己都比在车间里待了大半辈子的老员工们更加出类拔萃。于是，在经过了一番紧张的准备工作之后，张茜已经将800多道理论题背得滚瓜烂熟。之后，在接下来的理论考试中，张茜轻而易举地以95分的成绩高居榜首。这时候，不仅张茜自己，就连周围的同事们也都认为这个高级技师的称号是非张茜莫属了。然而，在现场的操作考核中，由于张茜没能够在规定的时间内排除故障，导致了她现场操作环节只得了65分。最终，张茜与高级技师的称号擦肩而过。经过这件事情之后，张茜不禁沮丧地说道：“我在理论考试中得分最高，对现场排除故障的操作要领也背得滚瓜烂熟，但就是没能够在规定的时间内排除故障，看来我的技术还是没有学到家啊！”

负责考核的领导在听到她的话之后，对她说道："你的学习能力的确非常强，这一点毋庸置疑。但是我们需要的人才不仅是在理论上出类拔萃，还要在实际操作和实践经验上高人一筹。年轻人，你要记住：'活到老，学到老。'只有不断地学习，不断地进取，才能使自己的技术不断得到提升，才能练成自己的一手绝活、绝技和解决现场实际问题的能力。"

俗话说"落后就要挨打"。在职场中，落后就要被别人超越，甚至被淘汰掉。所以，作为一名员工一定要让自己具备紧跟时代、紧贴实践的学习能力，不断地学习，不断地进步，积极进取，永远不甘为人后，更不要忽视自己的工作。时刻保持不落人后的警惕意识，这样，职场中的你才不至于在不知不觉中"安乐死"。

用辛勤的汗水浇灌出你的业绩

俗话说“勤能补拙是良训，一分辛苦一分甜”。的确，很多功成名就的人之所以能够取得事业上的成功，正是由于他们的努力和勤奋。这些人近乎执着地相信，勤奋可以弥补自己其他方面的不足，甚至可以创造奇迹。

在日本“推销之神”原一平69岁时的一次演讲会上，当有人问他推销的秘诀时，他当场脱掉鞋袜，将提问者请上讲台，说：“请你摸摸我的脚板。”

提问者摸了摸，之后十分惊讶地说：“您脚底的老茧好厚啊！”

原一平回答说：“因为我走的路比别人多，跑得比别人勤快。”

提问者稍稍沉思了一下之后，猛然醒悟。

正是原一平的勤奋成就了他的事业之路。这个世界其实很公平，因为成功永远属于那些勤勤恳恳做事的人们。而那些懒惰的人，成功只会与他们擦肩而过。

江涛是某家广告公司的创意文案。有一次，一家著名的洗衣粉制造商委托江涛所在的公司作广告宣传。然而，负责做这个创意的几名策划人却都拿不出令制造商感到满意的方案来。

江涛也是这个项目的策划人之一，当其他人都在困难面前退缩，最终放弃了这个项目之后，他却夜以继日地一连几天都在办公室工作。每天下班之后，办公室里都只剩下江涛一个人。他经常是手里拿着一袋洗衣粉，坐在办公桌前冥思苦想："在目前的市场上，这个产品可以说已经算是非常畅销了，并且他们以前的广告词也很有创意。我究竟应该从哪里下手才能够找到一个亮点，策划出一个与众不同而又令人满意的方案来呢？"

江涛是个做事勤快而又有毅力的人，他相信只要自己勤快一些、努力一些，就总会取得别人不能取得的成就。果然，"功夫不负有心人"，有一天，当江涛冥思苦想但却仍然没有得出结果时，他将手中的洗衣粉放在办公桌上，之后又翻来覆去地反复看了几遍。忽然，他突发奇想，要将这袋洗衣粉打开来看一看。于是，他找了一张报纸铺在桌子上，撕开洗衣粉袋，倒出一些洗衣粉来。他一边用手指轻轻地揉搓着这些粉末，一边嗅着洗衣粉的味道，试图从中寻找到一些感觉。在阳光的照射下，他发现洗衣粉的粉末间掺杂着一些特别微小的蓝色晶体。他感到很奇怪，在审视了一番之后，确信这并非是自己的眼睛看花了。于是，他马上动身，亲自跑到制造商那里去询问这些蓝色的晶体到底是什么物质。制造商告诉他，这些蓝色晶体是一些"活力去污因子"。正是因为有了它们，这一次所推出的洗衣粉才具有了超强去污和洁白的功效。江涛一下子便产生了灵感。于是，他从"活力去污因子"这个概念入手，做出了令对方非常满意的文字创意，这种产品的销量也因此急速攀升。

如果江涛从一开始也像其他人那样因为困难而放弃这个项目，那他也无法抓住这个展示才华的大好机会。很多时候，你一不留神儿，一个千载难逢的机遇就会不经意地从你身边溜走。一个人要想在事业上取得巨大的成功，就必须抓住身边的每一次机会。要抓住这些机会，你就一定要勤奋，因为勤奋是成功必不可少的条件。

世界上最伟大的推销员乔·吉拉德不仅在开发新客户的过程中非常勤奋，在维护老客户的过程中也是非常勤奋的。

乔·吉拉德最喜欢送给客户，尤其是潜在客户的礼物就是贺卡。对于每位客户，他每年差不多都要寄出去12张贺卡，每次都是不同的色彩和形式，并且在信封上还会尽量避免使用与他的行业相关的名称。

1月份时，吉拉德送出的贺卡是上面印有精美喜庆图案的拜年卡，同时还在上面配上“新年快乐”几个大字，下面是一个简单的署名：“雪佛莱轿车，乔·吉拉德上。”除此之外，再没有任何多余的话。

2月份时，他的贺卡上所写的是：“请您享受快乐的情人节。”在下面仍然是简短的签名。

3月份时，他的贺卡所写的是：“祝您圣巴特利库节快乐！”圣巴特利库节是爱尔兰人的节日。可能你是波兰人，或者是捷克人，但这些都没有关系，问题的关键是他不会忘记向你表达关注。

接着是4月、5月、6月……

请不要小看这几张不起眼的贺卡，它们起的作用可不小。有很多客户一到了节日，就会忍不住询问家人说：“过节有没有人来过信？”

“乔·吉拉德又寄来一张贺卡。”

如果乔·吉拉德在事业上不这样勤快的话，他就不可能得到新老客户们的认可、信任和好评，也不可能取得这样惊人的成就，正是勤奋成就了他这样一位伟大的推销员。

这个世界上没有做不成的事，而只有做与不做之别。要知道，“业精于勤，而荒于嬉”，那些勤快又努力的人，付出多少也总会得到多少回报，这些人在工作业绩上也总是遥遥领先。相反，那些懒惰而又怠慢工作的人，只会为企业、为公司拖后腿，只会成为上司们的“眼中钉”。这样的人不可能在工作中取得多么出色的业绩，迟早都要被上司从眼中“拔掉”。

创新让你的努力事半功倍

有一家电视台请来了一位商业奇才做嘉宾主持。有很多人都想听一听他成功的方法。然而，他淡淡一笑，说道：“还是我出一道题考考你们吧！”

“在某个地方发现了金矿，人们都一窝蜂似的涌了过去，然而偏偏有一条河挡住了前面的去路。如果你遇到了这种情况，将会怎么办？”

有人说要绕道而行，也有人说要游过去。而嘉宾只是笑笑不说话，过了很久他才说道：“为什么非要去淘金呢？倒不如买条船从事运送淘金者的营生。”

众人听后不禁愕然。是啊！在那样一种情形之下，即使你将那些淘金者“宰”得身无分文，他们也会心甘情愿啊——因为只要过去就是金矿。

这个故事让人们大受启发。因为我们常人总是按照惯性思维去思考，很少能做到打破常规，从另外一个角度去重新考虑这个问题。在现实的工作中也一样，除了需要勤奋和努力之外，还需要你具有独树一帜的创新思维。只有这样，才能够凸显出你的与众不同，使你从芸芸众生中脱颖而出。

有一家大型超市想要招聘一名销售主管和若干名销售员，招聘启事刚一贴出来时，立马就收到了上百份简历。在经过了几轮面试之后，剩下来的就只有几十名了。直到最后的一轮选拔考试，其中成绩最好的那一个将会成为销售主管，而其他一些表现优异的人就只能做销售员了。公司对招聘人员的考题只有一道：在三天的时间内调查清楚小区的购买力情况，时间最短、信息也准确者将会受聘。

考试的题目刚一公布出来，大家就开始紧张地忙碌了起来。有人采用的是抽样调查，也有人采用的是电话调查，还有人干脆直接上门前去访问。大家都表现得非常卖力。

第一天的时间还没过去，一个名叫乔治的年轻人率先交出了自己的调查结果。当所有的应聘者全部都递交上调查结果之后，公司人事部经理宣布了最后的入选名单。其中最早交卷的乔治被任命为销售主管。因为他在做调查时所得出的结果与其他人的结果基本一致，然而在时间上却比其他人要节省很多。

最后，乔治向大家说出了他之所以能够在极短的时间内调查出准确结果的原因。原来，乔治并没有接触小区里的任何一个人，只是对小区里的所有垃圾进行了查看，依据垃圾的数量、包装、品牌，得出了这个小区总体消费水平的大致数字，因为垃圾是不会说谎的。

乔治利用自己的聪明才智，创造性地完成了任务，使自己很快就得到了公司的认可。这种勤于动脑思考、利用创新思维来解决问题的员工，自然是企业里最受欢迎的员工。在现实中，像乔治这种依靠创新思维来获取出色业绩的名人很多，李嘉诚就是其中的一位。

李嘉诚的父亲是一名老师，他特别希望自己的儿子李嘉诚能够考上一所好大学。然而，父亲的突然去世，令这个美好的梦想破灭了。家庭的重担全都落在了当时只有10多岁的李嘉诚身上，无奈之下，他只好依靠打工来维持整个家庭的生计。

李嘉诚先是在茶楼里做了跑堂的伙计，之后又应聘到一家企业做了推销员。当推销员首先必须能跑路，这一点根本就难不倒他。以前，他总是在茶楼里跑前跑后，早就练成了一副好脚板，然而，最重要的事情还是如何想方设法地将产品推销出去。

有一次，李嘉诚去推销一种塑料洒水器，一连走了好几家都没有人要。很快一上午的时间过去了，他却一点儿收获都没有。假如下午还是这样毫无进展的话，回去真是没法儿向老板交代。

尽管推销得非常不顺利，但李嘉诚还是不停地给自己打气，他精神百倍地走进了另一栋办公楼。他看到楼道上有很多灰尘，便突然灵机一动，没有直接去推销商品，而是去了洗手间，先往洒水器里装了一些水，将水洒在楼道里。没想到，经他这样一洒，原本比较脏的楼道，一下子就变得干净起来。这样一来，马上引起了主管办公楼的相关人士的注意，所以，只用了一下午的时间，李嘉诚就卖掉了十多台洒水器。

李嘉诚的这次推销为什么就成功了呢？其中的原因就在于他把握了一个推销的诀窍：要想让客户动心，就必须掌握怎样才能够使顾客被打动的规律。“光是听别人说好，总不如看到这种东西究竟好在哪里；而看到这种东西好在哪里，总不如使用起来觉得好更有成效。”老是讲自己的产品好，又怎么能比得上亲自示范、让大家看到产品使用之后的效果好呢？

在做推销员的整个过程中，李嘉诚非常注重分析和总结。在做了一段时间的推销员之后，公司的老板发现李嘉诚所跑的地方比其他的推销员都多，其成交量也是最多的。

那么，他是怎样做到这一点的呢？

原来，李嘉诚将香港地图划分为几个片，对各片的人员结构进行分析，了解到了哪一片的潜在客户最多，做到有的放矢地去跑，重点出击，这样一来，他所获得的收益自然就要比别人多。

只要多动脑筋思考，换一种方式去想问题，你也可以拥有创新的思维。运用这种创新思维想出解决问题的巧妙方法来，你就能在业绩上有所突破。